John Eldredge

Du machst meine Seele *stark*

Resilienz – Wege zu neuer Widerstandskraft

Aus dem Englischen von Anja Findeisen-MacKenzie

BRUNNEN
Verlag GmbH · Giessen

MIX
Papier | Fördert gute Waldnutzung
FSC® C014496

2. Auflage 2025

Gottlieb-Daimler-Str. 22, 35398 Gießen
www.brunnen-verlag.de; info@brunnen-verlag.de
Lektorat: Konstanze von der Pahlen
Umschlagfoto: Adobe Stock
Umschlaggestaltung: Jonathan Maul
Satz: Uhl und Massopust
Druck: GGP Media GmbH, Pößneck
ISBN Buch 978-3-7655-3636-6
ISBN E-Book 978-3-7655-7670-6

Für Sam und Susie, Blaine und Em, Luke und Liv:
Die Zeit mit euch macht mich widerstandsfähiger!

Mein besonderer Dank gilt meinem Sohn Luke Eldredge,
der für dieses Projekt wertvolle Recherchen
unternommen hat.

Er hat seinem Volk aufs Neue Stärke und Macht verliehen.
Psalm 148,14

Inhalt

Einführung

Das Ende der Normalität

Das Durchhaltevermögen und die Kraft von Kamelen sind wahrlich beeindruckend. Sie können schwere Lasten viele Meilen über den brennend heißen Wüstensand tragen. Wochenlang kommen sie ohne Wasser aus, während ihre menschlichen Begleiter schon nach wenigen Tagen ohne Wasser verdursten. Die Widerstandskraft von Kamelen ist legendär. Schon seit vor Abrahams Zeiten durchqueren die berühmten „Wüstenschiffe" die sandigen Dünen.

Doch Kamele haben auch eine Schwachstelle. Ihre bemerkenswerte *Resilienz* ist trügerisch, denn dahinter verbirgt sich eine eigenartige Verwundbarkeit. Zwar können die Tiere Tausende von Meilen mit scheinbar unendlicher Ausdauer bewältigen – doch dann brechen sie plötzlich, beinahe ohne Vorwarnung, zusammen.

Wie schon der Alchimist zu Santiago sagte:

> *Die Kamele sind verräterisch: Sie gehen Tausende von Schritten, ohne ein Zeichen der Erschöpfung. Aber plötzlich knien sie sich nieder und sterben. Pferde ermüden nach und nach. Und du weißt immer, wie viel du ihnen abverlangen kannst oder wann sie sterben werden.*[1]

Auch die menschliche Seele hat eine verborgene Schwachstelle.

Wie die Kamele besitzen wir eine erstaunliche Resilienz – die Fähigkeit, uns nach Katastrophen und Zeiten der Not wieder zu erholen. Wir sammeln immer wieder neue Kräfte – bis wir eines

Tages entdecken, dass nichts mehr übrig ist. Unsere Seele sagt ganz einfach: *Ich kann nicht mehr; ich will das nicht noch einmal tun müssen.* Und dann brechen wir zusammen und verfallen in Mutlosigkeit, Depressionen oder einfach in eine innere Leere.

Eigentlich wollen wir nicht an diesen Punkt gelangen. Und doch ist die Zeit, in der wir leben, in vielerlei Hinsicht dazu geeignet, unsere Seele genau an diesen Punkt zu bringen. Einige von uns sind schon fast dort angelangt.

Als die Corona-Pandemie im Jahr 2020 begann, waren wir bereits von der Hektik des modernen Lebens ausgelaugt. Dann erlebten wir vollkommen unvorbereitet eine globale Katastrophe, wurden hineinkatapultiert in ein weltumspannendes Trauma, und Traumata fordern ihren Zoll – die lange Erfahrung von kleinen und großen Verlusten, all die riesigen Anspannungen, die einhergingen mit Maskenpflicht, Quarantäne, Impfstoffen und Schul- und Geschäftsschließungen. Die Liste ließe sich immer weiter fortsetzen.

Der Journalist Ed Yong gewann für seine Berichte über die Pandemie im Jahr 2021 den Pulitzer-Preis in der Kategorie Hintergrundberichterstattung. Er fand Folgendes heraus:

> *Millionen von Menschen haben ein Jahr voller Trauer, Angst, Isolation und zunehmender Traumatisierung hinter sich. Manche werden sich ohne großes Aufheben davon erholen, für andere aber werden die ruhigen Momente, wenn der Adrenalinspiegel wieder sinkt und die Normalität zurückkehrt, unerwartet schmerzhaft werden. Wenn sie endlich wieder ausatmen können, wird es sich eher wie ein Seufzen anhören. „Menschen reißen sich zusammen und tun, was sie tun müssen, aber wenn es dann endlich eine Öffnung gibt, kommen all diese Gefühle an die Oberfläche", erklärt Laura van Dernoot Lipsky, die Gründerin und Direktorin des* Trauma Stewardship Institute, *das sich der Traumabewältigung gewidmet hat. „Das anfängliche*

Trauma mag schwer sein", sagt sie, „aber was die Menschen tatsächlich zerstört, ist das, was danach kommt."

Im Augenblick befinden wir uns in einer Art globaler Leugnung dessen, was uns diese schweren Jahre (die ja noch nicht vorüber sind) tatsächlich gekostet haben. Wir möchten sie endlich hinter uns lassen, weswegen wir uns im Moment noch mit einem gewissen Gefühl der Erholung und Erleichterung zu trösten versuchen.

Doch seien wir gewarnt: Wir haben die psychologische Rechnung für all das, was wir durchgemacht haben, noch nicht bezahlt. Wenn ein Mensch einen Missbrauch überstanden hat, würden wir ihm nicht einzureden versuchen, sein Trauma müsse jetzt vorüber sein, nachdem der Missbrauch aufgehört hat. Und doch herrscht bei uns zurzeit genau diese Mentalität, wenn wir das Trauma, das wir erlitten haben, leugnen.

Wir sollten mit unserer Seele jedoch freundlicher umgehen. Leugnen bringt keine Heilung, weswegen ich mir mehr Sorgen über das mache, was noch kommt, als über das, was hinter uns liegt. In unserem angegriffenen Zustand stehen uns noch einige der schweren Prüfungen bevor, vor denen Jesus uns gewarnt hat. Denn wir nähern uns dem, was die Bibel als das „Ende der Welt" bezeichnet (Matthäus 24,3).

Außergewöhnliche Zeiten können spannend sein, aber sie sind auch eine große Herausforderung. Unsere Herzen brauchen Wegweisung und sie müssen sich auf das Kommende vorbereiten. Darum sollten wir die Kraft unserer Seele zu diesem Zeitpunkt realistisch einschätzen.

Sollten Sie schon vergessen haben, wie das während der Pandemie war, möchte ich Ihrem Gedächtnis ein wenig auf die Sprünge helfen: Die Welt wurde plötzlich von Todesangst ergriffen, der Furcht vor einem unsichtbaren und unvorhersehbaren Tod, hervorgerufen durch eine Seuche. Innerhalb weniger Wochen fanden wir uns in verschiedenen Formen der Quarantäne und des Lockdowns wieder. Schulen, Kirchen und Geschäfte schlossen ihre Türen. Die Wirtschaft geriet ins Taumeln. Alles, was ein von Freude erfülltes, normales Leben ausmacht, wurde uns von einem Augenblick zum anderen genommen und über viele Monate vorenthalten.

Machen wir uns einmal Folgendes klar: Jemand wird ganz plötzlich aus seinem normalen Leben herausgerissen und lebt von da an in Furcht vor Leid und Tod; er wird mit negativen Nachrichten bombardiert und ist in ständiger Ungewissheit, was seine Zukunft betrifft; es gibt keine Aussicht auf ein baldiges Ende dieses Zustands und alle menschlichen Gesichtszüge verschwinden hinter einer Maske. Ist das nicht genau die Art von Folter, die terroristische Regime einsetzen, um Gefangene seelisch und körperlich zu brechen?

Glauben Sie mir, dies hat traumatische Auswirkungen und darum müssen wir einen Plan aufstellen, wie wir uns davon erholen und neue Widerstandskraft schöpfen können.

„Immerhin können wir wieder in unser normales Leben zurückkehren", sagte mir ein Freund. Aber auch das ist nicht wahr. Ich weiß, wir *wünschen* uns, dass es wahr ist, aber längst sind neue Ereignisse geschehen, die eine Rückkehr in das normale Leben verhindern. Unser Feind, der Fürst der Finsternis, hat diese Situation herbeigeführt, um den Herzen der Menschen schweren Schaden zuzufügen. Ich glaube, wir gehen auf eine Zeit des rasanten Glaubensverlustes zu.

Es gibt aber auch Hoffnung, große Hoffnung sogar. Jesus Christus wusste, dass die Menschheit schwere Zeiten würde bewältigen müssen, vor allem wenn die geschichtliche Entwicklung sich immer rascher dem Ende aller Dinge nähert. Er hat uns gezeigt, wie wir solche Prüfungen durchstehen können, und darum ist jetzt ein guter Zeitpunkt, unsere Aufmerksamkeit auf das zu richten, was er gesagt hat.

Der Schöpfer und Erlöser der Menschheit hat uns einen Weg zur Heilung und zur Stärkung unserer Widerstandskraft gewiesen. Wir wären töricht, wenn wir das ignorieren oder auf „später" verschieben würden. Wir mögen von den kommenden Jahren Unterschiedliches erwarten, aber ich denke, dass wir uns über eines einig sind: Eine größere Resilienz für Herz und Seele wäre auf jeden Fall angebracht.

In diesen Zeiten brauchen wir keine Inspirationen und netten Geschichten. Wir brauchen einen Ratgeber zum Überleben und ein solcher soll dieses Buch sein. Jedes Kapitel beginnt mit einer wahren Geschichte, die von menschlicher Widerstandskraft gegen trostlose Schicksale handelt. Dort findet sich auch jeweils ein Kasten mit der Überschrift „Kraftquelle", der unsere Aufmerksamkeit auf praktische Vorgehensweisen lenken soll, mit deren Hilfe wir Herz und Seele stärken können. In jedem Kapitel wird unser Blick auf Jesus selbst ausgerichtet, denn wir brauchen die übernatürliche Widerstandskraft, die uns durch Christus geschenkt wird. Diese ist immer verfügbar – wir müssen sie nur in Anspruch nehmen.

Frisches Wasser

Im Jahr 1946 unternahm der Forscher Wilfred Thesiger eine für unmöglich gehaltene Expedition quer durch das trostlose „Leere Viertel" der arabischen Halbinsel. Er reiste im Winter auf dem Rücken von Kamelen, gemeinsam mit vier Beduinen. Auf ihrer Odyssee gerieten sie an einen Punkt der Verzweiflung. Ihre Chancen standen nicht gut: Sie hatten fast kein Wasser mehr, der nächste Brunnen befand sich jenseits eines unpassierbaren Sanddünen-Gebirges und bei den Kamelen gab es erste Anzeichen eines bevorstehenden Kollapses:

> *Alle Schläuche schwitzten, und wir machten uns Sorgen wegen unserer Wasservorräte. Den ganzen Tag über hatten sie regelmäßig bedrohlich getropft. Alle paar Meter war ein Tropfen in den Sand gefallen – wie Blut aus einer Wunde, die man nicht stillen kann. …*
>
> *Wahrscheinlich war ich schwach vor Hunger. Unsere Nahrung war selbst für Bedu-Begriffe nur eine Hungerration. Am meisten aber quälte mich der Durst. … Ich wurde das ständige Durstgefühl nicht los. Ich träumte sogar von schäumenden Bächen eiskalten Wassers. Aber es war schwer, Schlaf zu finden. …*
>
> *Das Wasser, das ich in den Sand hatte tropfen sehen, und der Zustand der Kamele beunruhigten mich.*[3]

Wenn wir überleben wollen, brauchen wir vor allem Wasser. Der Mensch kann vierzig Tage ohne Nahrung auskommen, aber nur drei Tage ohne Wasser. Wasser ist Leben. Es zu finden ist daher eines unserer obersten Ziele.

Kapitel 1

Ich wünsche mir, dass alles wieder gut wird

Lass meine Augen wieder leuchten.
Psalm 13,4

Der Wunsch, dass alles wieder gut wird, gehört zu den tiefsten Sehnsüchten des menschlichen Herzens. Er schlummert in den Tiefen unserer Seele, seit wir unsere wahre Heimat verloren haben. Denn unser Herz erinnert sich an den Garten Eden.

Die meiste Zeit über fließt dieses schöne, mächtige Verlangen wie ein unterirdischer Strom unter der Oberfläche unseres Bewusstseins – so lange, wie wir durch ein bestimmtes Maß an Gutem in unserem Leben getröstet werden. Wenn wir unsere Arbeit, die Familie, unsere Freizeit und all die kleinen Annehmlichkeiten unseres Lebens genießen können, scheint der Wunsch, dass alles wieder gut wird, weit entfernt zu sein.

Doch sobald Prüfungen und Leid über uns hereinbrechen, kommt diese Sehnsucht wieder an die Oberfläche wie ein Wal, der nach Luft schnappt, und sie gewinnt an Schwung und Kraft. Das gilt besonders nach Zeiten, die uns massiv herausfordern. Während wir uns in einer solchen Phase befinden, versuchen wir tapfer durchzuhalten. Wenn der Sturm sich aber gelegt hat, taucht der Wunsch, dass alles wieder gut wird, auf und fordert seine Erfüllung.

Wie wir mit dieser Sehnsucht umgehen – die für unsere Identität und das wahre Leben unseres Herzens von so großer Bedeutung ist –, wie wir auf sie hören, sie aber auch in eine gute oder schlechte Richtung lenken, hat Einfluss auf unser weiteres Schicksal.

Was uns antreibt

Gott hat jeder menschlichen Seele eine Kraft und einen Antrieb verliehen, ein ursprüngliches Streben nach Leben. Das ist für uns so fundamental wie unser eigenes Überleben.

Im Kern unseres Wesens befindet sich das tiefe Verlangen, etwas zu *erstreben,* das uns Leben bringt, dieses zu *planen,* es zu *ergreifen,* zu *genießen* und diesen Kreislauf dann wieder von vorn zu beginnen, indem wir nach etwas Neuem streben! Das ist im Grunde die Sehnsucht nach Leben, die Gott in uns hineingelegt hat. Nennen wir diese Kraft den „Urtrieb hin zum Leben".

Die Sehnsucht, dass alles wieder gut wird, ist der traurige Schrei, den der Urtrieb hin zum Leben in uns ausstößt. Er gleicht den schwermütigen Gesängen der Wale unter Wasser.

> *Es scheint mir, dass wir das Sehnen und Wünschen niemals aufgeben können, solange wir noch vollständig am Leben sind. Es gibt bestimmte Dinge, von denen wir spüren, dass sie schön und gut sind, und wir müssen nach ihnen hungern.*[4]

Dieser Hunger ermöglicht es den Menschen, selbst das schwerste Martyrium zu überstehen; er gibt ihnen aber auch die Fähigkeit, all das Gute dieser Welt zu genießen, zu lieben und Werke von immenser Schönheit zu schaffen.

Schon seit Längerem genieße ich die Poesie des Heiligen Johannes vom Kreuz, wenn er über die enge Beziehung der Seele zu Gott schreibt. Folglich war ich schockiert und entsetzt, als ich erfuhr, dass dieser liebenswerte Mensch eine Zeit lang zu Unrecht im Gefängnis saß und gefoltert wurde.

Im Jahr 1577 wurde er als Folge eines Reformversuchs im Karmeliterorden und seiner Verbundenheit mit Teresa [von Avila] entführt und in Toledo ins Gefängnis geworfen. Während dieser Zeit unter unwürdigen Haftbedingungen und Folter … schrieb er wie durch ein Wunder einige seiner großartigsten Gedichte.
In den neun Monaten, die Johannes im Gefängnis verbrachte, saß er die meiste Zeit in einer winzigen Zelle, die eher einem unbeleuchteten Abstellraum glich – so klein und eng, dass er nicht einmal aufstehen konnte. Er musste sich auf dem Boden seiner Zelle erleichtern und das wenige Brot und Wasser, das er bekam, wurde manchmal in seine Fäkalien und den Urin hineingeworfen. Regelmäßig wurde er aus seiner Zelle geholt und verprügelt … so sehr, dass er dauerhafte Verkrüppelungen davontrug. Monatelang durfte er sich weder waschen noch seine Kleider wechseln. Er hatte Läuse und bekam die Ruhr. Er war gezwungen, auf seinen eigenen Exkrementen zu schlafen.[5]

Johannes vom Kreuz überstand dieses Martyrium und ließ die Welt durch seine Poesie um ein Vielfaches schöner werden. Sein Urtrieb hin zum Leben wurde von Gott mit einer übernatürlichen Resilienz gesegnet.

Ein furchtbarer Durst

In den letzten Jahren wurde unser Urtrieb hin zum Leben schwer auf die Probe gestellt.

Nicht nur durch die Pandemie. Wir befanden uns ja schon *vor* dem Jahr 2020 wie im Hamsterrad – technologiesüchtig, überfordert durch Nachrichten aus aller Welt, ausgezehrt von sozialen Spannungen, erschöpft an Leib und Seele durch unseren verrückten modernen Lebensstil. Können wir uns noch erinnern?

Das Leben war *kräftezehrend.* Es war nicht so, dass wir aus einer dreijährigen Sabbatzeit kamen, als wir in das Jahr 2020 eintraten. Wir wurden hereingelegt und von der Pandemie wie mit einer Dampfwalze überrollt.

Dann begann der sich immer wiederholende Kreislauf von Furcht, Kontrolle, chronischer Enttäuschung, all jenen kleinen und großen Verlusten und der Unfähigkeit, Pläne für die Zukunft zu schmieden. Das lähmte unsere Lebenskapazität, so wie beständige Ablehnung unsere Fähigkeit schmälert, Beziehungen einzugehen, und chronisches Versagen unsere Fähigkeit zur Hoffnung dämpft. Wir begannen uns nach dem auszustrecken, was Linderung versprach.

Meine Frau Stacy und ich gehören zu den zweiundsechzig Millionen amerikanischer Eigenheimbesitzer, die während der Pandemie Renovierungsarbeiten durchführten. Das sind mehr als drei Viertel aller Hausbesitzer in den Vereinigten Staaten, die höchste Anzahl, die es je gegeben hat.[6] Wir strichen das Wohnzimmer und kauften uns einen neuen Teppich und neue Stühle. Auch unseren Garten brachten wir auf Vordermann. Das geschah weniger aus Langeweile oder dem Wunsch nach Veränderung; es war eine tiefe Sehnsucht nach einem Neustart *im Leben,* mitten in all dem Verlust und der Unsicherheit. Im Renovierungswahn spiegelte sich ein tieferes Bedürfnis – dass alles wieder gut werden sollte, was in Farbe und Teppichen, Gärten und Landschaftsgestaltung seinen Ausdruck fand.

Doch in der ganzen Zeit, als Stacy und ich unser Haus renovierten, spürte ich, dass etwas nicht stimmte. Sich darauf zu konzentrieren, dass das Eigenheim schöner wurde, lenkte mich von den Todeszahlen in New York, London, Berlin und Neu-Delhi ab, ebenso vom erbitterten Streit um die Impfstoffe. Aber es fühlte sich nicht nach einer Antwort an. Es war gut und machte mir Spaß. Doch es brachte nicht alles wieder in Ordnung, so wie ich es mir erhofft hatte.

Apropos in Ordnung bringen: Im ersten Halbjahr 2021 war ich außerdem ganz wild darauf, alle möglichen Dinge zu reparieren. Vom tropfenden Wasserhahn bis zu der seit Jahren wackligen Lampe – alles zog meine Aufmerksamkeit auf sich und musste von mir wieder heil gemacht werden. Meine Seele sehnte sich beinahe verzweifelt danach, die Dinge wieder ins Lot zu bringen. Ging es Ihnen vielleicht ähnlich?

Dann kehrte das Leben scheinbar wieder zur Normalität zurück – die Restaurants und Kinos öffneten wieder, es fanden Konzerte im Freien statt. Die Menschen strömten nach draußen wie die hungernden Überlebenden eines Schiffsunglücks, die aus der Isolation herausgeholt und zum Sonntagsbrunch eingeladen werden. Im Sommer 2021 war kein Mietauto mehr zu bekommen. Airbnb und Campingplätze waren ausgebucht, Flughäfen, Strände und Nationalparks hoffnungslos überfüllt. Es war wie zu den Frühjahrsferien in Miami. Die Sehnsucht, dass alles wieder gut würde, war (und ist) überall zu spüren.

Auch ich konnte nicht genug davon bekommen. Doch all diese Annehmlichkeiten und Aktivitäten brachten nicht das, wonach meine Seele sich so sehr sehnte.

Es funktioniert nicht

Zu den erstaunlichsten Fähigkeiten von uns Menschen gehört unsere Resilienz. Der Urtrieb hin zum Leben kann Beeindruckendes bewirken. Johannes vom Kreuz brachte aus seinem Leiden Schönes hervor. Nelson Mandela überlebte siebenundzwanzig Jahre Gefängnis und brachte Vergebung hervor.

Aber wir Menschen besitzen auch die überraschende Eigenschaft, dass all diese Resilienz sich von einem Augenblick zum anderen in Luft auflösen kann.

Eines Tages gehen die Ressourcen, mit denen wir unseren Urtrieb hin zum Leben aufrechterhalten, ganz einfach zu Ende. Die Mutter, die sich jahrzehntelang für ihre Familie aufgeopfert hat, beginnt plötzlich eine Affäre mit dem Mann ihrer besten Freundin. Der Pastor, der seine Gemeinde jahrzehntelang so reich aus dem Wort Gottes versorgt hat, stellt plötzlich fest, dass er nicht mehr an Jesus glaubt.

Das hat mit unseren *Reserven* zu tun.

Wir schöpfen aus unseren tiefsten Reserven, um Jahre des Leids und der Entbehrung ertragen zu können. Und dann sagt unser Herz eines Tages ganz einfach: *Ich kann nicht mehr. Mir ist jetzt alles egal.* Wir geben den Kampf auf und fliehen, um irgendwo Erleichterung zu finden. Ich fürchte, das ist genau das, was gerade in einem globalen Maßstab geschieht.

Menschen sind äußerst widerstandsfähig und zugleich unvorhersehbar fragil, so wie Kamele. Ein guter Test, um herauszufinden, wie verwundbar wir *wirklich* sind, besteht darin, unsere Reserven zu überprüfen. Denn wir können unsere Kräfte mobilisieren und haben es auch schon getan. Doch es liegt noch ein weiter Weg vor uns! Jedes Mal, wenn wir unsere Kräfte erneut mobilisieren, greifen wir unsere Reserven an. Und selbst wenn wir den Eindruck haben, zu jeder Zeit gut klarzukommen, so verbrennen wir doch unsere kostbaren Ressourcen und unser Reservetank ist schon ziemlich leer. Es ist wie bei den ständig tropfenden Wasserflaschen von Wilfred Thesigers Expeditionsteam in der Wüste.

Das ist der traumatische Kreislauf. Angesichts einer schwierigen Situation reißen wir uns zusammen, und wenn die Lage sich entspannt, leugnen wir sie und machen uns auf den Weg, um ein kleines Stück vom Garten Eden zu erhaschen.

Zu den erstaunlichsten Fähigkeiten von uns Menschen gehört unsere Resilienz. Aber wir besitzen auch die überraschende Eigenschaft, dass diese sich von einem Augenblick zum anderen in Luft auflösen kann.

Wenn diese Bemühungen fehlschlagen, werden wir wütend – was als traumatische Reaktion bekannt ist.[7]

Darum kann diese Fähigkeit zur Mobilisierung trügerisch sein. Unsere Reserven dagegen sagen die Wahrheit.

In der Anfangsphase der Pandemie versammelte ich meine achtzehn wunderbaren Mitarbeiter (allesamt Christen) zu digitalen Konferenzen, um mich nach ihrem Wohlbefinden zu erkundigen. Ich stellte ihnen Fragen, die ihre Resilienz betrafen: „Wie schätzt ihr eure Leistungskraft zurzeit ein? Wenn ihr normalerweise 100 Prozent zur Verfügung habt, wie ist es dann jetzt?" Die Antworten bewegten sich um die 30 Prozent. An den meisten Tagen verspürten sie nur etwa ein Drittel ihrer normalen Kraft. Das geschieht, wenn wir traumatisiert werden.

„Und wie steht es mit euren Reserven? Wenn euch morgen eine schwere Krise treffen würde, welche Reserven hättet ihr dann zur Verfügung?" Die Antwort lautete durchschnittlich 15 Prozent – und dabei handelte es sich um eine Gruppe von Menschen, die ich als sehr widerstandsfähig kennengelernt habe! Ein Jahr später, 2021, stellte ich meinen Mitarbeitern noch einmal dieselben Fragen. Obwohl die Situation sich insgesamt verbessert hatte, waren ihre Werte nicht sonderlich gestiegen.

Wie steht es mit Ihren Reserven? Haben Sie sich darüber

schon einmal Gedanken gemacht? Erlauben Sie mir, Ihnen zwei Fragen zu stellen:

- Wenn nächste Woche erneut eine Pandemie über den ganzen Erdkreis rollen würde, eine völlig neue tödliche Bedrohung; wenn wir wieder in Quarantäne müssten und die vage Gefahr von Leid und Tod über uns schwebte, unsere Zukunft ständig ungewiss wäre und wir nicht wüssten, wann das Ganze ein Ende nimmt – wie würden Sie darauf reagieren?
- Oder nehmen wir folgendes Szenario: Morgen brennt Ihr Haus oder Ihre Wohnung ab. Alle haben zwar überlebt, aber Sie haben alles verloren. All Ihre Habseligkeiten, Unterlagen, wichtigen Dokumente, kostbaren Andenken Ihrer Familie. Sie müssen Ihr Leben komplett neu aufbauen. Hätten Sie 100 Prozent Ihrer Kraft und Energie dafür zur Verfügung?

Wie bereits gesagt: Wir haben die psychologische Rechnung für die Covid-19-Pandemie noch nicht bezahlt. Wir mussten tief in unsere Reserven greifen, um das Ganze zu überstehen, und sind kaum in der Verfassung, ein weiteres Trauma zu bewältigen ... geschweige denn die Angriffe unseres Feindes. Doch angesichts neuer Krisen, Kriege und Naturkatastrophen sind wir dazu aufgefordert. Das durchlebte Trauma macht uns anfälliger für diese neuen traumatischen Entwicklungen und bringt vergangene Traumata wieder an die Oberfläche. Wir gewöhnen uns nicht daran; jede neue Krise verstärkt ganz einfach den Druck, der auf uns lastet.[8]

Das Trügerische an unserer menschlichen Natur ist: Der Urtrieb hin zum Leben besitzt eine solche Kraft, dass wir bereit sind, ihm beinahe alles zu opfern – unsere Gesundheit, unsere Ehe, die Karriere, sogar unseren Glauben. Nach einer Phase der globalen Traumatisierung und der Entbehrungen ist dieses Verlangen so stark, dass wir losziehen, um das Leben zu suchen.

Doch ein so unbesonnenes Umherwandern ohne klaren Plan und Ziel verschlimmert oft nur unser Leiden, anstatt es zu lindern.

Im Jahr 1869 fuhr John Wesley Powell als Erster den bis dahin unerforschten Colorado River durch den Grand Canyon hinab. Er und seine Gefährten ahnten nicht, welche Prüfungen ihnen bevorstanden. Wilde Stromschnellen, unerwartete Wasserfälle und Strudel drohten die hölzernen Boote zu verschlingen. Nach mehreren Wochen meuterten einige Crewmitglieder. Trotz aller Warnungen verließen sie schließlich den Fluss und versuchten, einen Ausweg aus dem Canyon durch das Stammesgebiet der Apachen zu finden.

Sie wurden nie wieder gesehen.[9]

Ich fürchte, dass wir uns ähnlichen Gefahren aussetzen, wenn wir nach all dem, was wir durchlitten haben und noch durchleiden, nun nach dem greifen, was uns Erleichterung verspricht.

Kehrt zu mir zurück

Der Auszug des Volkes Israel aus Ägypten und sein Weg durch die Wüste Sinai gehört zu den größten Überlebensgeschichten aller Zeiten. Mehr als zwei Millionen Menschen wanderten durch eine sandige und felsige Landschaft, heimatlos und auf der Suche nach dem Land der Fülle, dem Ort, den sie ihr Zuhause nennen konnten. Wann würde endlich alles wieder gut werden?[10]

In dieser Wüste gab es praktisch keine Nahrungsquellen. Wasser war ungefähr so rar wie auf der Mondoberfläche. „Ein dürres und zerklüftetes Land, das trocken und dunkel ist, das niemand durchwandert und kein Mensch bewohnt" (Jeremia 2,6; Hfa).

Das ist mehr als nur ein Ausschnitt aus der Geschichte des Judentums. Diese Berichte wurden für uns festgehalten, weil sie unserer menschlichen Erfahrung entsprechen, unserer Reise von der Sklaverei in die Freiheit, von einem dürren Land in das Land der Verheißung. Letztlich sind sie ein Bild für den Weg zum Heil, aus dem Reich der Finsternis hinein in das Reich Gottes.

Sie sind auch eine Geschichte über den Urtrieb hin zum Leben. Wohin wenden wir uns mit unserem Durst?

Es ist *die* Entscheidung, *die* Prüfung. So war es immer und so wird es immer sein.

Der Urtrieb hin zum Leben war so stark, dass er Tausende dieser geretteten Sklaven dazu brachte, eine Rebellion anzuzetteln, um zurück zur Sklaverei nach Ägypten zu gelangen, wo sie wieder in ihren gewohnten Bahnen leben konnten. Es ist ernüchternd.

> *Entsetzt euch darüber, ihr Himmel, zittert vor Schreck und Empörung! Das sage ich, der HERR. Denn mein Volk hat eine doppelte Sünde begangen: Erst haben sie mich verlassen, die Quelle mit Leben spendendem Wasser, und dann haben sie sich rissige Zisternen ausgehauen, die überhaupt kein Wasser halten.* — *Jeremia 2,12-14; Hfa*

Die Bibel schlägt hier großen Alarm, denn unsere Sehnsucht danach, dass alles wieder gut wird, ist *das* Schlachtfeld unseres Herzens. Wie wir mit dieser kostbaren Sehnsucht umgehen und ob wir uns überhaupt mit ihr beschäftigen, das bestimmt unser Schicksal in diesem und im kommenden Leben.

Das alles geschieht in einer Welt nach der Pandemie: Wir wollen Gott nur auf eine bestimmte Weise. Was wir nämlich *wirklich* wollen, ist, dass das Leben wieder gut wird. Wenn uns Gott dabei hilft, wunderbar. Dann glauben wir an ihn! Wenn er es aber nicht tut … nun ja, dann kommen wir später wieder auf ihn zurück, nachdem wir dem hinterhergelaufen sind, was unserer Meinung nach unsere ausgehungerten Bedürfnisse stillt.

Die erste Phase des aufziehenden Sturms ist diese: Wir sind

alle losgelaufen, um nach Jahren des Stresses, der Traumatisierung und der Entbehrungen das Leben und die Freude zu finden. Aber das funktioniert nicht *und es wird auch in Zukunft nie funktionieren.* Wir kehren zu unserer Alltagsroutine von Montag bis Freitag zurück und sind enttäuscht. Aus Enttäuschung wird Desillusionierung. Und diese macht uns extrem verwundbar gegenüber unserem Feind.

Darum sollen wir wie ein Hirte, der seine Schafe liebevoll führt, unseren Durst wieder zurück zur Quelle des Lebens lenken.

Unsere Sehnsucht danach,
dass alles wieder gut wird,
ist das Schlachtfeld unseres Herzens.
Wie wir mit dieser kostbaren Sehnsucht
umgehen und ob wir uns überhaupt
mit ihr beschäftigen, das bestimmt unser
Schicksal in diesem
und im kommenden Leben.

Der Fluss des Lebens

Mein langjähriger Freund und Verleger Brian Hampton pflegte zu mir zu sagen: „Stell die Kekse ins untere Regal." Womit er meinte: „Lass die Leute nicht bis zum Ende des Buches warten, bis sie die Hilfe bekommen, die du ihnen anbieten willst." Darum möchte ich Ihnen schon jetzt etwas geben, das Ihnen hilfreich werden soll. Je weiter Sie in diesem Buch kommen, desto mehr werden Sie es zu schätzen wissen. Das verspreche ich.

Wenn Herz und Seele eines Menschen Monat für Monat Enttäuschung und Verlust erfahren, dann stellt sich der Tod ein. Dr. Richard Gunderman beschreibt das fortschreitende Wachstum der Enttäuschung als die Anhäufung von Hunderten oder Tausenden kleiner Enttäuschungen, die jede für sich genommen kaum wahrnehmbar sind.[11] Der Verlust von Hoffnungen und Träumen erstickt den Urtrieb hin zum Leben.

Doch unser Gott hat für uns vorgesorgt!

Ich weiß, ich weiß – die meisten von Ihnen denken, dass das, was sie jetzt am meisten brauchen, ein dreimonatiger Urlaub an der Küste ist. Am Strand spazieren gehen, irgendwo etwas Gutes trinken. Wenn Sie das möglich machen können, gönne ich es Ihnen von ganzem Herzen. Doch für die meisten von uns steht eine solche Sabbatzeit in traumhafter Umgebung nicht zur Verfügung. Was aber zur Verfügung steht, ist der Fluss des Lebens, Gott selbst, und zwar auf eine Weise, die wir bis jetzt nicht gekannt haben.

Gott möchte uns sein Leben zur Verfügung stellen. Denken wir daran – er ist der Schöpfer all der schönen Orte, zu denen Sie am liebsten reisen würden. All diese Schönheit und Resilienz, all das Leben kommt von Gott und er möchte uns noch mehr von sich selbst schenken! Das Leben Gottes wird in der Bibel als ein Fluss beschrieben – mächtig, wunderbar, nie versiegend, sich immer erneuernd, unendlich fließend.

Hesekiel bekam mehrere wunderbare Visionen, kleine Einblicke in das Reich Gottes, das diese Welt durchdringt. Er sah den Tempel Gottes in Jerusalem und aus diesem Tempel strömte der Fluss des Lebens. Dieser setzte sich weiter durch die Landschaft fort und wurde so tief und breit, dass man ihn nicht schwimmend durchqueren konnte – ein Bild der überreichen Fülle! Mir gefällt besonders der Schluss dieses Abschnittes: „Überall wohin der Fluss kommt, da schenkt er Leben" (Hesekiel 47,9; Hfa).

Leben. Das ist es, was wir uns wünschen – zu leben, das Leben in seiner ganzen Fülle wiederzufinden.

Der Apostel Johannes erhielt eine Offenbarung über das kommende Reich Gottes und die wiederhergestellte Erde. Er sah den Fluss des Lebens, der mitten durch die Stadt Gottes fließt:

> *Der Engel zeigte mir auch einen Strom, der wie Kristall glänzte; es war der Strom mit dem Wasser des Lebens. Er entspringt bei dem Thron Gottes und des Lammes und fließt die breite Straße entlang, die mitten durch die Stadt führt. An beiden Ufern des Stroms wächst der Baum des Lebens. Zwölfmal im Jahr trägt er Früchte, sodass er jeden Monat abgeerntet werden kann, und seine Blätter bringen den Völkern Heilung.*
>
> *Offenbarung 22,1-2*

Aus Gott fließt so viel Leben, dass es wie ein mächtiger Strom ist. Ist das nicht wunderbar? Doch wir sollten uns klarmachen: Der Fluss des Lebens ist nicht nur für später gedacht. Jesus hat deutlich darauf hingewiesen, dass dieser Fluss bereits jetzt, in *diesem* Leben, aus unserem Inneren herausströmen soll: „Wer Durst hat, soll zu mir kommen und trinken! Wenn jemand an mich glaubt, werden aus seinem Inneren, wie es in der Schrift heißt, Ströme von lebendigem Wasser fließen" (Johannes 7,37-38).

Das kraftvolle Leben Gottes fließt in uns und durch uns, es sättigt uns wie ein wasserreicher Fluss.

Ich möchte all diese Gedanken gerne noch einmal zusammenfassen: Wir haben in uns die Kapazität und das Verlangen nach Leben. Diese Sehnsucht ist kostbar und sie wurde und wird hart auf die Probe gestellt. Bei Gott ist „die Quelle allen Lebens" (Psalm 36,10). Aus Gott fließt so viel Leben, dass es wie ein riesiger Fluss ist, den niemand schwimmend durchqueren kann – ein überaus reicher Strom! Und dieses Leben soll *in* uns und *durch* uns hindurch fließen.

Kraftquelle
Den Fluss des Lebens empfangen

Wir können uns den Fluss des Lebens erschließen, indem wir Gott mitten in unserer Sehnsucht zu lieben beginnen. Hier entscheidet sich alles. Fast jeder von uns hat in unzähligen Hoffnungen, Plänen und Träumen nach Linderung gesucht, ohne sich zuerst an Gott zu wenden. Was wir also tun müssen, ist, uns unsere Sehnsucht klarmachen, sie bewusst wahrnehmen, ihr begegnen und genau an diesem Punkt Gott zu lieben beginnen. Uns für ihn entscheiden.

Der erste Schritt hin zur Resilienz besteht darin, unseren Urtrieb hin zum Leben und unsere Sehnsucht, dass alles wieder gut wird, auf Gott auszurichten. Wir kehren zu Jesus zurück von all den Orten, an denen wir das Leben gesucht haben. Wir lassen ihn unseren Retter sein, mitten in unserer Sehnsucht nach einem guten Leben. Wir bitten Gott, uns mit dem Fluss seines Lebens zu erfüllen.

Jesus, ich komme zu dir zurück mit meiner Sehnsucht, dass alles wieder gut wird. Ich liebe dich genau hier, mitten im Verlangen meiner Seele, in meinen Wünschen und meinem Schmerz. Ich richte meinen Urtrieb hin zum Leben auf dich aus.
Ich übergebe dir meine Fähigkeit, nach dem Guten zu streben, es zu planen, es zu ergreifen, es zu genießen und weiter danach

zu streben. Ich gebe dir alles Leben in mir, Herr Jesus; ich gebe dir auch meinen ungestillten Hunger nach einem guten Leben. Ich liebe dich hier, genau hier, wo ich jetzt bin. Und ich bitte dich, dass der Fluss deines Lebens in mir fließt, in meinem Urtrieb hin zum Leben und in meiner Sehnsucht, dass alles wieder gut wird. Ich öffne mein Herz und meine Seele dem Fluss des Lebens. Er möge in mir, durch mich hindurch und überall in meiner Umgebung fließen – wiederherstellend, erneuernd und heilend.

Du allein bist das Leben, nach dem ich suche, und ich empfange deinen Fluss in meinem Herzen und in meiner Seele. Ich nehme den Fluss deines Lebens in mich auf. Danke, Gott! Das bitte ich in deinem mächtigen Namen.

In diesem Buch werden wir eine ganze Reihe „übernatürlicher Geschenke" miteinander erforschen. Es wird Ihrem Glauben helfen, dass diese Erfahrungen von sanfter Natur sein werden. Auch wenn wir sie als „übernatürlich" bezeichnen, bedeutet das nicht, dass sie uns wie ein Erdbeben erschüttern oder wie ein Blitz treffen. Gott geht mit unseren erschöpften Seelen behutsam um. Er überwältigt uns nicht mit seiner Gegenwart. Wenn wir diese Geschenke einsetzen, wird ihre Kraft wachsen. Doch am Anfang wird es eine sanfte Erfahrung sein – das hilft uns, auf das zu vertrauen, was wir da erleben.

Probieren Sie dieses einfache Gebet um den Fluss des Lebens eine Woche lang aus und schauen Sie, was dann passiert.

Das Erste, was man tun sollte, wenn man sich verlaufen hat, ist anhalten! Das ist ganz wichtig – stehen bleiben und sich orientieren. Auch wenn es eine Weile dauert. Der klassische Fehler derer, die in Krisensituationen nicht überleben, besteht darin, dass sie in Panik geraten und in irgendeine Richtung davonlaufen oder dass sie einfach weitergehen und ihre Situation dadurch noch verschlimmern.

Im Jahr 1857 gerieten John Muir und sein Reisegefährte in einen Schneesturm. Sie befanden sich auf dem Gipfel des 4300 Meter hohen Mount Shasta, einem vulkanischen Berg im Norden Kaliforniens. Sie hatten keine Goretex- oder Daunenkleidung und weder Eispickel noch sturmsichere Zelte.

> *Nachdem wir uns den Weg hinunter über den Gebirgskamm erkämpft hatten, vorbei an Felsöffnungen, aus denen Dämpfe zischten, wurde der Sturm unfassbar heftig. Das Thermometer fiel binnen weniger Minuten um zweiundzwanzig Grad und zeigte bald schon Minustemperaturen an. Auf den Hagel folgte Schnee und es wurde stockdunkel. Der Wind erhob sich zu heftigsten Böen, er dröhnte und fegte zwischen den trostlosen Felsen hindurch; Blitze zerschnitten die unheilvolle Dunkelheit in rascher Abfolge. Der Donner, so furchterregend laut, wie ich ihn noch nie gehört hatte, grollte beinahe unaufhörlich und folgte unmittelbar und heftig Schlag auf Schlag, so als ob der Berg in seinen Grundfesten erschüttert würde und die Feuer des alten Vulkans wieder ausbrechen wollten.*[12]

Muir war ein erfahrener Bergsteiger. Auf dem Weg zum Gipfel hatte er sich den Berg und dessen Besonderheiten genau angesehen und verwendete diese Kenntnisse nun, um sich und seinen Reisegefährten sicher zu führen – zunächst zu einem Zufluchtsort auf dem Berg, dann am nächsten Morgen auf den Rückweg.

Kapitel 2

Wo sind wir? Was geschieht hier?

Jesus wandte sich an die Volksmenge und sagte: „Wenn im Westen eine Wolke aufsteigt, sagt ihr sofort: ‚Es gibt Regen.' Und so kommt es dann auch. Und wenn der Südwind weht, sagt ihr: ‚Es wird heiß.' Und auch das trifft ein. Ihr Heuchler! Ihr beobachtet die Erde und den Himmel und könnt so das Wetter beurteilen. Wieso könnt ihr dann nicht die gegenwärtige Zeit beurteilen?"
Lukas 12,54-56

Ich erinnere mich noch genau, wie ich mich das erste Mal so richtig verlaufen habe.

Ich befand mich mit meinen zwei jüngeren Söhnen hoch oben in den Rocky Mountains in Colorado. Am Abend zuvor hatte es einen ordentlichen Schneesturm gegeben, und als wir den Berg umrundeten, konnten wir die Spuren aller Lebewesen sehen, die dort vorbeigezogen waren – nicht nur Elche und Hirsche, sondern auch Schneeschuhhasen, Hermeline, Rothörnchen und Feldmäuse. Ich liebe es, die Geschichten zu lesen, die solche Fußspuren im frischen Schnee erzählen.

Dann stießen wir auf menschliche Spuren. Das ärgerte mich, weil ich gedacht hatte, dass wir diesen Berg quasi für uns allein hätten. *Was wollen die denn bloß hier?* Ungläubig starrten wir auf die Fußabdrücke, bis es uns allmählich dämmerte, dass es sich um *unsere eigenen* handelte. Das bedeutete, dass wir im Kreis gegangen waren, obwohl ich mir sicher gewesen war, dass wir geradeaus gegangen waren. Ich hatte gedacht, dass wir von A nach B unterwegs gewesen waren, wo einer unserer Freunde uns mit seinem Truck mit Vierradantrieb abholen wollte. Unsere Spuren erzählten jedoch eine andere Geschichte. Ich hatte keine Ahnung, wo wir uns befanden.

Der Orientierungsverlust brachte mich eine ganze Weile aus der Fassung. *Wo sind wir? Wie lange gehen wir schon im Kreis? Was sollen wir jetzt machen? Welche Richtung ist die richtige?*

Die Seele im Belagerungszustand

Ich kann gut nachempfinden, wie es Ihnen momentan vermutlich geht, denn bei uns allen befindet sich die Seele gerade in einer Art Belagerungszustand.

Im Grunde haben wir nichts, womit wir diese Zeit vergleichen können, weil sie die einzige ist, in der wir je gelebt haben. Also kann es leicht passieren, dass wir aus den Augen verlieren, wie seelenvernichtend und betäubend sie sich auswirkt. Und das alles versuchen wir mit unserem traumatisierten Verstand zu begreifen (meine Freunde nennen das „Corona-Hirn“).

Mentale Zersplitterung ist eines der klassischen Symptome, die sich nach einer Traumatisierung einstellen. Fünf Minuten nachdem ich meine Zähne geputzt habe, erinnere ich mich nicht mehr daran. Ich hole mein Smartphone heraus, um jemandem eine Textnachricht zu schicken, und in den vier Sekunden, die ich dafür gebraucht habe, habe ich auch vergessen, wem ich schreiben wollte. Ich kann mich nicht mehr lange auf eine Aufgabe konzentrieren, sondern springe von einer Sache zur anderen.

Gestern stand ich vor unserer Bürotür und versuchte sie völlig geistesabwesend mit meinem Autoschlüssel zu öffnen. Wir haben ein System, bei dem jeder Angestellte eine kleine Fernbedienung am Schlüsselbund trägt, mit der er die Eingangstür öffnen kann. Ich jedoch versuchte es mit der Fernbedienung meines *Autoschlüssels* (obwohl sie nicht die geringste Ähnlichkeit miteinander besitzen). Verwundert stand ich da, drückte *klick-klick-klick,* und erst als ich hörte, wie die Schlösser meiner Autotüren sich mehrmals auf und ab bewegten, erkannte ich, warum sich die Bürotür nicht öffnen ließ.

Gott sei uns allen gnädig.

Mit unseren fragmentierten Gehirnen versuchen wir immer noch Medien in demselben Umfang zu konsumieren wie im Jahr 2018. Wir sind die am meisten vernetzte Generation, die es jemals gegeben hat. In einer Zeit wie der unseren – so voller Medien, Nachrichten und Sensationen, mit denen wir aus allen Richtungen bombardiert werden, dazu all die Meinungen und Gegenmeinungen und Fake News in den sozialen Medien – ist es schwer, eine klare Perspektive beizubehalten.

Gestern hörte ich einen Bericht über Mitarbeiter von Kunden-Hotlines. Diese Menschen haben nicht nur einen harten Job. Sie arbeiten auch in einer Umgebung, wo Mobbing, Stress und Beschimpfungen an der Tagesordnung sind. Hier wird wieder einmal ein Unrecht angeprangert – was auch wirklich wichtig ist. Doch gestern war es ein völlig anderer Bericht oder eine Enthüllung über eine andere Form der Ungerechtigkeit. Ständig mit Ungerechtigkeiten und empörenden Zuständen konfrontiert zu werden, überfordert unsere Seele. Es vernebelt unsere Perspektive hinsichtlich dessen, worum es wirklich geht.

Was das Ganze noch schlimmer macht: Im Laufe des vergangenen Jahrzehnts haben viele Leute die sozialen Medien zu ihrer Informationsquelle gemacht. Dorthin wenden sie sich, wenn sie wissen wollen, was gerade läuft, was Aufmerksamkeit erregt und was in der Welt geschieht. Dabei vergessen wir, dass die Firmen, die soziale Medien betreiben, private Unternehmen sind mit privaten Eigentümern, die eine feste persönliche Meinung dazu haben, was Sendezeit bekommen soll und was nicht. Nur weil der Präsident oder Premierminister es gesagt hat oder die sozialen Medien es hinausposaunen, heißt das noch lange nicht, dass es wichtig oder auch nur wahr ist. Aber es stachelt eine Menge Leute auf, die dann alle verrücktspielen.

Eine der ersten Warnungen, die Jesus bezüglich des Lebens in solchen Zeiten gegeben hat, lautet ganz einfach: „Flippt nicht aus." Er sagte: „Ihr werdet von Kriegen hören; ihr werdet hören, dass Kriegsgefahr droht. Lasst euch dadurch nicht erschrecken" (Matthäus 24,6). Man könnte es auch so formulieren: „Passt nur auf, dass ihr dadurch nicht aus der Bahn geworfen werdet!" (Das Buch)

Der unerschütterliche Jesus, der einen so kühlen Kopf bewahrt wie sonst niemand, ließ sich ganz einfach nicht in all die Dramen verwickeln, die sich in seiner Zeit abspielten. Und er fordert uns auf, uns ebenfalls nicht aus der Ruhe bringen zu lassen. Er wusste sehr wohl, dass alles um unsere Aufmerksamkeit buhlen und versuchen würde, uns „durchdrehen" zu lassen. Diese Ungerechtigkeit, jene Enthüllung. Von allen Seiten erhalten wir die laute Botschaft: „Reg dich auf! Hierüber musst du wirklich empört sein!"

Das zehrt die Seele aus.

Aber es gibt einen Ausweg.

Es gibt nur *eine* Erzählung

Das menschliche Gehirn verarbeitet Informationen in Form von Narrativen. Das ist ein weiteres Beispiel dafür, wie tief Erzählungen in die Struktur der Realität hineinverwoben sind.[13]

Durch Erzählungen orientieren wir uns in der Welt. So finden wir Erklärungen, bringen Ordnung und Sinn in die Ereignisse unserer Umgebung. Die Erzählung, an die wir uns halten, prägt unsere Wahrnehmung, unsere Hoffnungen und Erwartungen; sie verleiht uns einen festen Standpunkt. Welche Erzählung prägt Ihr Leben in diesen verrückten Zeiten? Was erzählen Sie sich selbst – oder was lassen Sie sich von anderen erzählen?

Ist es ein politisches Narrativ? *Wir müssen nur die richtigen Leute an die Macht bringen!*

Oder ein soziales Narrativ? *Das Problem ist die Ungerechtigkeit! Wir brauchen Gerechtigkeit!*

Oder ein wirtschaftliches? *Es kommt eine neue Ära des Mangels!*

Und was am wichtigsten ist: Ist es die Geschichte, die Gott erzählt?

Ja, wir leben in einer Geschichte. Sie ist von Gott persönlich mit Hand geschrieben und er entfaltet sie. Egal was die Welt uns zuruft, die Geschichte Gottes ist immer noch die Geschichte der Welt. Daran festzuhalten, ist am allerschwersten, aber auch am allerwichtigsten: *Die Geschichte Gottes ist immer noch die Geschichte der Welt.*

Dazu möchte ich gern einen Abschnitt aus dem Epheserbrief anführen:

> *Es ist dieselbe gewaltige Stärke, mit der er [Gott] am Werk war, als er Christus von den Toten auferweckte und ihm in der himmlischen Welt den Ehrenplatz an seiner rechten Seite gab. Damit steht Christus jetzt hoch über allen Mächten und Gewalten, hoch über allem, was Autorität besitzt und Einfluss ausübt; er herrscht über alles, was Rang und Namen hat – nicht nur in dieser Welt, sondern auch in der zukünftigen. Ja, Gott hat ihm alles unter die Füße gelegt, und er hat ihn, den Herrscher über das ganze Universum, zum Haupt der Gemeinde gemacht. Sie ist sein Leib, und er lebt in ihr mit seiner ganzen Fülle – er, der alles und alle mit seiner Gegenwart erfüllt.* Epheser 1,19-23

Durch Erzählungen orientieren wir uns in der Welt. So finden wir Erklärungen, bringen Ordnung und Sinn in die Ereignisse unserer Umgebung. Die Erzählung, an die wir uns halten, prägt unsere Wahrnehmung, unsere Hoffnungen und Erwartungen; sie verleiht uns einen festen Standpunkt.

Spiegelt Ihr derzeitiger seelischer Zustand wider, dass Jesus der absolute Herr über alles auf der Erde ist, dass er über ganze Galaxien und auch über Regierungen herrscht? Dass seine Gemeinde der Mittelpunkt der Bühne ist, nicht die Welt? Dass Christus das letzte Wort haben wird?

Nein? Bei mir ist es auch nicht so.

Ganz ehrlich gesagt klingt Paulus wie jemand, der sich selbst etwas vormacht. Der sich davon überzeugen will, dass die Erde flach ist.

Denken wir nur an die soziopolitische Umgebung, in der Paulus seinen Brief an die Epheser schrieb und so kühne Behauptungen aufstellte wie: *Jesus regiert das Universum, keine Macht kann sich seiner Herrschaft entziehen.* Als er das alles von sich gab, war das Christentum völlig unbedeutend – eine kleine Sekte, die sich von einer kleinen antiken religiösen Gruppierung in einer vergessenen Ecke des Römischen Reiches abgespalten hatte. Der wahre Mittelpunkt war Rom. Vom Norden Britanniens bis zum Nahen Osten und Nordafrika regierte Rom die westliche Welt. Dies galt als die „am weitesten verbreitete politische und soziale Struktur der westlichen Zivilisation“[14]. Israel war ein winziges, von den Römern erobertes und unterworfenes Land. In Teile zersplittert, verarmt, unterdrückt.

Als der Mann hingerichtet wurde, den manche für den Messias hielten, sah es so aus, als würde Rom noch lange Zeit die Geschichte der Welt schreiben.

Und wo ist das Römische Reich heute?

Weg. Verschwunden. Es ging innerhalb von zweihundert Jahren, nachdem der Brief an die Epheser geschrieben wurde, unter. Das Christentum dagegen wuchs innerhalb der nächsten zweitausend Jahre immer weiter, gewann weltweit großen Einfluss und breitete sich bis in alle Winkel der Erde aus.

Nehmen wir ein weiteres Beispiel: Dschingis Khan, den Mongolenführer aus dem 13. Jahrhundert. Tatsächlich herrschte er über ein noch größeres Reich als Rom; es war das größte, das es je auf dem Festland gegeben hat. Auf dem Höhepunkt ihrer Macht kontrollierten die Mongolen ein Gebiet von elf bis zwölf Millionen Quadratmeilen, was etwa der Größe Afrikas entspricht. Dschingis Khan rühmte sich damit, zehn Prozent der Weltbevölkerung getötet zu haben. Er nannte sich selbst „die Geißel Gottes“[15]. Wer damals lebte, dachte bestimmt, dass Dschingis Khan der große Geschichtsschreiber war. Und wo ist all das heute?

Und wo sind die Beatles? Wer in den 1960er- oder 1970er-Jahren lebte, für den waren die Beatles *die* große Geschichte. Man konnte keine Zeitung aufschlagen oder Nachrichten hören, ohne zu erfahren, welche Kleidung sie an diesem Tag getragen oder was sie gefrühstückt hatten, ob Paul Husten hatte oder John einen Schnupfen. Und wo sind die Beatles heute?

Die Geschichte Gottes, die Geschichte von Jesus Christus, war und ist die Geschichte der Welt und sie wird es auch immer sein.

Es ist so wichtig, dass wir, als Freunde Gottes, uns dies immer wieder vor Augen halten. Wir sollten es uns auf Notizzettel schreiben und sie an unseren Kühlschrank oder an den Spiegel im Bad heften: *Die Geschichte Gottes war und ist die Geschichte der Welt und sie wird es auch immer sein.*

Jedes menschliche Herz auf diesem Planeten schlägt nur deshalb, weil Jesus Christus es am Leben erhält. Jeder Atemzug, den eine Mann, eine Frau oder ein Kind in diesem Moment tun, im nächsten und im übernächsten, ist nur deshalb möglich, weil Jesus Christus alles regiert.

Heute Morgen ist die Sonne aufgegangen und sie wird auch morgen aufgehen, weil Jesus tatsächlich Herrscher über alles ist. Denken wir an all die Millionen schöner Dinge, die genau jetzt in der Natur stattfinden. Die Karibus, die Rentiere Amerikas, streifen durch die Lande. Die Delfine schwimmen in den Ozeanen. Wale kommen an die Wasseroberfläche, um zu atmen, und tauchen dann wieder in die Tiefe. Das ganze Reich der Tiere lebt, atmet und gedeiht, weil Jesus Christus die Geschichte ist und weil er alles durch die Kraft seines mächtigen Wortes erhält, wie es in Hebräer 1,3 steht.

Uns an diese Fakten zu halten, wird uns dabei helfen, „den Kopf zu behalten".

Die Geschichte geht auf ihren Höhepunkt zu

Als wir jung waren, schien die Zeit stillzustehen. Ein einziger Sommer fühlte sich so an, als würde er nie enden. In reiferen Jahren erkennen wir, dass unsere Tage nur wie ein Windhauch sind. Die Zeit rast, als müsse sie den nächsten Flug bekommen. Als ob sie auf irgendetwas zuginge.

Und das tut sie auch.

Erzählungen steuern auf einen Höhepunkt zu. Ich weiß nicht, warum wir uns so sehr dagegen wehren.

Wir verschieben die Zukunft, als würde sie nicht jeden Tag näher kommen. Doch Geschichten sind linear, sie entwickeln sich in eine bestimmte Richtung und drehen sich nicht im Kreis. Das Leben hier, so wie wir es kennen, geht nicht für immer so weiter; die große Geschichte *rast* auf einen Höhepunkt zu. Wir sollten das ernst nehmen, und doch verdrängen wir diese Realität wie ein Kind, das nicht erwachsen werden will.

Die meisten Menschen *spüren* die Spannung, die in diesen Zeiten vorherrscht. Sie nehmen die Instabilität wahr – die sich verschiebenden Strömungen, die Polarisierung, Regierungen, die nach immer mehr Kontrolle streben, den Schrei nach Gerechtigkeit. Aber sie beschäftigen sich nicht weiter damit, um Klarheit zu bekommen. Etwas liegt in der Luft, etwas scheint bevorzustehen, aber die Welt bemüht sich mit aller Kraft, so zu tun, als sei alles in Ordnung, wie ein Krebspatient, der sich seiner Diagnose nicht stellen will.

Ehrlich gesagt ist es so wie in den Tagen und Stunden vor Pearl Harbor.

In der Zeit vor Dezember 1941 gab es warnende Anzeichen einer zunehmenden Aggression der Japaner. 1940 hatte sich Japan mit Deutschland und Italien verbündet und mit der Invasion von Indochina, Malaysia, Singapur, Indonesien und den Philippinen begonnen. Die USA antworteten mit dem Einfrieren japanischer Gelder und einem Ölembargo. Die wirtschaftlichen und finanziellen Beziehungen zu Japan wurden abgebrochen. Es kam zu erheblichen Spannungen und es gab weitere Alarmzeichen. Spezialisten zum Entschlüsseln von Militärcodes arbeiteten rund um die Uhr.

Honolulu war im Dezember 1941 jedoch eine komplette Idylle. Die dort stationierten amerikanischen Truppen genossen alles, was die Inseln zu bieten hatten – wunderbare Strände, saftige Früchte, Cocktails und das pulsierende Nachtleben. Es ist schwer zu glauben, dass man angegriffen werden könnte, wenn der Feind eine Million Meilen entfernt scheint und man in Flipflops und mit einem Mai Tai in der Hand in einem Paradies herumläuft. Um Mitternacht des 6. Dezember befanden sich die meisten Soldaten in Bars und Tanzklubs, gingen mit ihrer Freundin am Strand spazieren oder genossen ihren letzten Drink im Royal Hawaiian, wo sich die Offiziere aufhielten.

> *Als das Orchester im Royal Hawaiian Hotel die amerikanische Nationalhymne „The Star-Spangled Banner" spielte, nahm Lieutenant Commander Edwin Layton, der Geheimdienstoffizier der Pazifikflotte, Haltung an wie alle anderen auch. Seit Wochen bekam er beunruhigende Berichte über die militärischen Absichten der Japaner und einen möglicherweise kurz bevorstehenden Krieg. Am liebsten hätte er laut geschrien: „Wach auf, Amerika!", doch er hielt still und schwieg.*[16]

Er schwieg nicht aus Angst, sondern einfach nur deshalb, weil die Leute ihm nicht glauben würden. Doch das sollte sich bald ändern.

Damit möchte ich nur sagen: Wenn Sie am Abend des 6. Dezember 1941 in Honolulu gelebt hätten, wären Sie nicht froh gewesen, wenn jemand Sie vor den weiteren Entwicklungen gewarnt hätte, wenn das möglich gewesen wäre? Ganz bestimmt.

Unsere Erzählung steuert auf einen Höhepunkt zu, so wie es bei jeder Geschichte ist, ob wir das wollen oder nicht. Ist das wirklich so schockierend?

Natürlich nähern wir uns dem Ende aller Zeiten

Jesus scheint ziemlich frustriert gewesen zu sein über die Weigerung seiner Mitmenschen, ihre Zeit richtig zu deuten. „Narren", nannte er sie. Weil es einfach wichtig ist, den eigenen geschichtlichen Moment zu kennen. Zu wissen, an welchem Punkt der Erzählung man sich befindet, ist von entscheidender

Bedeutung für das eigene Überleben. Kein Augenblick ist wie der andere.

Das Leben zu Beginn des *Herrn der Ringe* ist anders als das Leben am Ende der Geschichte. Am Anfang befinden wir uns im glücklichen Auenland. Wir sind zu Bilbos Geburtstagsfeier eingeladen. Aber dann geht die Geschichte rasch weiter, nimmt an Fahrt auf bis zum Ende, wo wir uns in der Schlacht vor Mordor wiederfinden – der große Kampf an den Toren zur Hölle. Erkennen wir den Unterschied und warum Jesus möchte, dass wir wissen, wo wir sind?

Die Welt versucht immer, zu Bilbos Party zurückzukehren, aber die Geschichte verharrt nicht dort. Das tut auch keine andere Geschichte. Wir müssen *vorwärts* gehen, um zur Party zu gelangen!

Schauen wir uns an, wie die engsten und besten Freunde von Jesus dachten. Sie waren überzeugt, dass das Ende aller Zeiten nahe war:

> *Kinder, die letzte Stunde ist da.* — *1. Johannes 2,18*

> *Die Zeit, in der alles zu seinem Ziel kommt, steht nahe bevor. Seid daher wachsam und besonnen.* — *1. Petrus 4,7*

Wir können hier auf zweierlei Weise reagieren: Entweder wir schieben das Ganze beiseite und denken: *Na ja, die beiden haben sich offensichtlich geirrt.* Oder wir geben uns ein wenig bescheidener und beginnen mit der Tatsache, dass die Bibel von Gott ist, dass Petrus und Johannes vom Heiligen Geist inspiriert waren und dass es vielleicht eher wir sind, die nicht so klar sehen. Es ist durchaus möglich, dass ihr Moment in der Geschichte die „letzte Stunde" war und wir uns deshalb in den letzten *Sekunden* befinden! Es gibt gute Gründe dafür.

Nun ist dieses Buch keines über Prophetie. Manche Leute

schöpfen aus der Prophetie einen Menge Kraft, die meisten aber können damit nicht viel anfangen und überlassen dieses Thema lieber anderen. Dennoch gibt es klare Zeichen, die wir beachten sollten. Eines der deutlichsten wurde uns von Jesus in einer seiner Endzeitreden übermittelt. Dort schildert er die Zeichen, die seine Wiederkunft ankündigen werden, und gibt uns Ratschläge, wie wir diese letzte Zeit durchleben sollen:

> *Die Botschaft vom Reich Gottes wird in der ganzen Welt verkündet werden, damit alle Völker sie hören. Dann erst kommt das Ende.* *Matthäus 24,14*

Das Evangelium von Jesus Christus muss also alle Nationen erreichen und dann wird Jesus wiederkommen. Das ist eine ziemlich klare Aussage; es ist ein Zeichen, das wir erkennen können. Erst geschieht dies, dann das.

Und wissen Sie, was? Unter leitenden Persönlichkeiten der Weltmission herrscht eine wachsende Übereinstimmung, dass innerhalb der nächsten ein bis zwei Jahrzehnte jede Nation das Zeugnis des Evangeliums gehört haben wird. Dieses Zeichen, das uns Jesus persönlich gegeben hat, ist kurz davor, sich zu erfüllen. Der Leiter eines Netzwerks von Missionsgesellschaften schreibt hierzu:

> *Vor nicht langer Zeit, im Jahr 2015, gab es immer noch mehr als 1400 Gruppierungen, in denen keine Christen bekannt waren. Aber heute bleiben nur noch wenige Hundert solcher Gruppen übrig und jedes Jahr werden Hunderte davon mit dem Evangelium erreicht. Mit Gottes Hilfe … wird die Kirche bis zum Ende des Jahres 2022 oder kurz danach alle verbleibenden Gruppen erreicht haben. Wir stehen kurz vor der Ziellinie.*[17]

Es kann sein, dass zu dem Zeitpunkt, an dem Sie dieses Buch lesen, das Evangelium tatsächlich alle Nationen erreicht hat. Das sollte Ihre Aufmerksamkeit erregen! Es ist nicht das einzige Zeichen, das Jesus uns gegeben hat, aber es ist eines der deutlichsten. Was bedeutet, dass seine verheißene Wiederkunft kurz bevorsteht. Sehr kurz. Ich will hier keine Daten vorhersagen, sondern nur darauf hinweisen, dass die Geschichte Gottes sich mit großer Geschwindigkeit auf einen Höhepunkt zubewegt.*

Es gibt keine Zombie-Apokalypse

Sobald wir jedoch die Möglichkeit ins Spiel bringen, dass Gottes Geschichte sich dem Ende aller Zeiten zuneigt, über das die Bibel eine Menge zu sagen hat, wird den meisten Leuten angst und bange.

Ihre Befürchtungen beruhen meiner Meinung nach auf einer Mischung aus vagen Urängsten hinsichtlich dessen, was „das Ende" bedeutet, und unserem drängenden Wunsch, zu Bilbos Party zurückzukehren, was durch große Probleme oder Traumata noch verstärkt wird. Ehrlich gesagt denke ich, dass viele Leute die Wiederkunft Christi gerne gegen ein schönes kleines Ende ihrer eigenen Geschichte eintauschen und es lieber einer anderen Generation überlassen würden, das Ende aller Zeiten zu durchleben.

Wir müssen uns also mit diesen vagen Urängsten befassen, weil die meisten davon weniger durch die Worte Jesu geprägt sind als vielmehr durch Filme über das Ende der Welt. Menschen stellen sich das Ende der Zeiten als eine Art postapokalyptische Stunde vor, in der draußen auf der Straße jeder jeden

* Das ist nicht die einzige biblische Prophetie, die sich erfüllt hat und auf die unmittelbar bevorstehende Wiederkunft Christi hindeutet. Die plötzliche, völlig unerwartete Neugründung des Staates Israel im Jahr 1948 ist eine weitere.

mit Gartenwerkzeug zu töten versucht. Und wer will schon so etwas erleben? Das kann ich verstehen. Aber ist das wirklich das, worauf Jesus uns vorbereitet hat?

> *In den Tagen, in denen der Menschensohn kommt, wird es sein wie in den Tagen Noahs. Die Menschen aßen und tranken, sie heirateten und wurden verheiratet – bis zu dem Tag, an dem Noah in die Arche ging; dann brach die Flut herein, und sie kamen alle um. Es wird auch sein wie in den Tagen Lots. Die Menschen aßen und tranken, sie kauften und verkauften, sie pflanzten und bauten – doch an dem Tag, als Lot Sodom verließ, regnete es Feuer und Schwefel vom Himmel, und sie kamen alle um. Genauso wird es an dem Tag sein, an dem der Menschensohn wiederkommt.* *Lukas 17,26-30*

Kaufen und verkaufen, pflanzen und bauen, das alles setzt eine gewisse wirtschaftliche Stabilität voraus. Die Welt wird also nicht in einem massiven ökonomischen Chaos versinken, wo wir unser Auto für einen Laib Brot verkaufen müssen. Das hat Jesus nicht gesagt. Feste, Partys, Hochzeiten, auch dies erfordert eine soziale und kulturelle Stabilität. Menschen feiern, wenn die Umgebung sicher und schön ist, und nicht, wenn sie sich im Keller verkriechen müssen.

Es gibt also keine Zombie-Apokalypse. Diesen Satz wiederhole ich gerne noch einmal: *Es gibt keine Zombie-Apokalypse.*

In Wirklichkeit deutet alles, was Jesus über seine plötzliche Rückkehr auf diesen Planeten gesagt hat, auf einen *Überraschungsmoment* hin. Das Leben wird eher nach *business as usual* aussehen und sich auch so anfühlen, bis zu dem Augenblick, in dem der Erzengel die Trompete bläst und Gott selbst einschreitet, um das Böse hinwegzufegen und die Freude beginnen zu lassen!

Allerdings hat Jesus auch gesagt, dass diese letzten Tage eine Zeit der großen Prüfung sein werden, und das ist der Teil, den die Leute nicht so gern mögen. Das kann ich verstehen. Aber wenn wir die Ehre haben, dass uns diese letzten Tage zugeteilt wurden, würden wir es dann nicht wissen wollen? Würden wir nicht gern unser Herz, unsere Seele, unseren Verstand und unsere Kraft darauf vorbereiten?

Und wenn wir uns nicht in den letzten Tagen befinden, dann auf jeden Fall kurz davor. Wenn Sie denken: *Vielleicht kommt Jesus zu Lebzeiten meiner Kinder oder meiner Enkelkinder wieder*, dann ist diese Stunde, was die biblische Geschichte betrifft, so nahe, dass auch Sie am Ende der Zeit leben.

Was soll ich tun?

Das Erste, was notwendig wäre, ist mentale Resilienz; wir müssen den Kopf behalten. Es ist beinahe schockierend zu erkennen, wie wir uns verrückt machen lassen. „Nicht ausflippen" ist im Grunde genommen das, was Jesus gesagt hat. Dieser Rat wird allen eingebläut, die an irgendeiner Form der militärischen Ausbildung oder des Überlebenstrainings teilnehmen. Wenn es brenzlig wird, dann bitte nicht ausflippen. Bleib cool, damit du gute Entscheidungen treffen kannst.

Es wäre also gerade jetzt weise, die richtige Peilung zu finden:

- Wenn das noch nicht das Ende aller Zeiten ist, dann befinden wir uns kurz davor.
- Dies ist eine sehr herausfordernde Zeit.
- Ich muss meine eigene Resilienz sehr viel ernster nehmen.

Wir werden später noch ausführlicher auf das Thema mentale Resilienz zurückkommen, aber ein einfacher, wirksamer Schritt besteht darin, unseren Kopf aus den „Kriegen und Kriegsgerüchten" herauszuziehen und ihn wieder in die Geschichte hineinzustecken, die Gott erzählt. Zum Beispiel sollte die Geschichte Gottes von uns mehr „aufmerksame Zeit“ bekommen als jedes andere Medium.

Wenn wir jeden Tag dreißig Minuten lang das konsumieren, was Nachrichten genannt wird (wozu auch die sozialen Medien gehören), dann sollten wir *mehr* als dreißig Minuten – mindestens das Doppelte an Zeit – mit der Bibel verbringen oder uns biblische Podcasts anhören. Statt in unserer Freizeit durch Facebook und Instagram zu scrollen, sollten wir lieber etwas lesen, das uns an die Geschichte Gottes erinnert – einen Psalm, eine gute Predigt oder auch nur ein einfaches Zitat.

Denken wir daran – die Schlacht tobt um das Narrativ: Wer prägt unsere Erzählung? Das wird entweder Gott sein oder jemand anderes. Wenn wir „alarmiert“ sind, dann hat etwas unsere Aufmerksamkeit von Gottes Geschichte weggelenkt. Lassen wir uns von Befürchtungen, Ängsten, Ärger oder Wut darauf hinweisen, dass wir als Geiseln genommen wurden. Bleiben wir also stehen und orientieren uns neu.

Während der Pandemie und den amerikanischen Präsidentschaftswahlen im Jahr 2020 (die von hoher Dramatik waren) wurde ein Freund von mir total abhängig von den Nachrichten. Als er erkannte, wie sehr ihn der tägliche Nachrichtenkonsum aufwühlte, stieg er von einem Moment auf den anderen aus und ging auf Entzug. Sechs Monate lang sah er sich keine Nachrichten mehr an. Man könnte das als unverantwortlich bezeichnen, aber Jesus hat uns einen einfachen Test vorgeschlagen: *Ihr werdet sie an ihren Früchten erkennen.* Die Früchte des Medienkonsums waren Stress, Ärger, Depressionen und Wut. Und was waren die Früchte des Verzichts darauf? Mit den Worten meines Freundes ausgedrückt: „Ich habe jetzt mehr Frieden und Freude in meinem Leben als je zuvor.“

Die Geschichte Gottes sollte von uns mehr „aufmerksame Zeit" bekommen als jedes andere Medium.

Kraftquelle
Gottes Perspektive beibehalten

Lesen Sie sich die folgenden Gedanken zu Psalm 23 [L17] laut vor.

Der Herr ist mein Hirte, mir wird nichts mangeln.

Jesus hat immer noch alles in der Hand; er wirkt immer noch tief in meinem Leben und in der Welt – er führt, er leitet, er versorgt.

Er weidet mich auf einer grünen Aue und führet mich zum frischen Wasser. Er erquicket meine Seele.

Gott stärkt mein müdes Herz; er schenkt mir Resilienz … wenn ich ihm folge.

Er führet mich auf rechter Straße um seines Namens willen.

Ich lasse mich nicht in all die gesellschaftlichen Dramen verwickeln. Stattdessen lasse ich mich an jedem einzelnen Tag von Gott führen.

Und ob ich schon wanderte im finstern Tal, fürchte ich kein Unglück; denn du bist bei mir, dein Stecken und Stab trösten mich.

Ja, es sind finstere Zeiten. Aber Gott schützt und tröstet mich noch immer. Ich muss nicht allein durch all das hindurchgehen.

Du bereitest vor mir einen Tisch im Angesicht meiner Feinde. Du salbest mein Haupt mit Öl und schenkest mir voll ein.

Auch in schweren Zeiten hat Gott ein Fest mit Gutem für mich vorbereitet; er stillt meinen Hunger und meine Sehnsucht.

Gutes und Barmherzigkeit werden mir folgen mein Leben lang, und ich werde bleiben im Hause des HERRN immerdar.

Meine Realität ist nicht von Pandemien, Kriegen, Politik oder von irgendetwas anderem bestimmt. Ich lebe in Gott; er lebt in mir. Seine Güte ist heute mit mir und meine Zukunft ist absolut wundervoll.

Vielleicht sollten Sie sich diesen Text an Ihren Kühlschrank heften und ihn sich jeden Tag laut vorlesen.

Gib nicht auf!

Eine der großen Gefahren bei Unterkühlung besteht darin, dass man in den letzten Stadien schläfrig wird und sich am liebsten einfach hinlegen und in die angenehme Bewusstlosigkeit wegdämmern möchte. Wer das aber tut, der stirbt. Um sich davor zu schützen, versuchten Muir und sein Reisegefährte, den Schneesturm auf Mount Shasta zu überstehen, indem sie sich zwar hinlegten, sich aber den Elementen komplett aussetzten. Sie lagen dort, wo aus dem vulkanischen Berg Gase und Dämpfe austraten.

> *Als die Hitze unerträglich wurde, an einem Punkt, wo Dämpfe durch den Schlamm hindurch austraten, versuchten wir diese mit Schnee oder Matsch einzudämmen, oder wir bewegten uns ein Stück weg von ihnen, indem wir uns mit den Fersen fortschoben. Denn wenn wir uns dem beängstigenden Wind direkt ausgesetzt hätten, so hätte das in unserem halb erfrorenen, halb überhitzten Zustand den sicheren Tod bedeutet. …*
>
> *Der Frost wurde immer heftiger, uns wurde eiskalt und wir waren mit einer Kruste aus gefrorenem Schnee bedeckt, als hätten wir den ganzen Winter über unter einer Schneewehe gelegen. In etwa dreizehn Stunden – wobei uns jede Stunde wie ein Jahr vorkam – würde es hell werden, aber es würde lange dauern, ehe die Felsen des Gipfels von der Sonne berührt wurden. …*
>
> *Als der Zeitpunkt nahte, an dem wir einen Versuch unternehmen konnten, unser Camp zu erreichen, überlegten wir besorgt, welche Kraftreserven uns wohl noch übrig geblieben waren und ob wir in der Lage wären zu gehen. Denn wir hatten die ganze Zeit flach auf dem Boden gelegen, ohne ein einziges Mal aufzustehen. Bergsteiger finden jedoch nach einer großen Anstrengung immer eine Kraftreserve in sich. Es ist wie*

eine Art zweites Leben, das nur in Notfällen wie diesen verfügbar ist. Da ich deren Existenz bereits erlebt hatte, fürchtete ich nicht allzu sehr, dass einer von uns scheitern könnte, obwohl einer meiner Arme sich bereits taub anfühlte und kraftlos herunterhing.[18]

Kapitel 3

Die Kraft zum Überwinden

Seid wachsam und betet, ohne nachzulassen, damit ihr die Kraft habt, all dem zu entrinnen, was geschehen wird, und damit ihr bestehen könnt, wenn ihr vor den Menschensohn tretet.
Lukas 21,36

Ich glaube, jeder Mensch betet an irgendeinem Punkt seines Lebens, selbst wenn er nicht sicher ist, ob ihn jemand hört. Und ich wette, dass eines der häufigsten Gebete ungefähr so lautet: *Gott, hilf mir; gib mir Kraft.*

Ich mag dieses Gebet sehr. Denn es ist von echter Demut geprägt. Wir sind mit etwas konfrontiert, das unsere persönlichen Ressourcen übersteigt, und wir rufen um Hilfe, um Kraft. Der Mann, der am Nachmittag so nebenbei das Telefon abnimmt und mitgeteilt bekommt, dass seine Tochter bei einem Verkehrsunfall ums Leben gekommen ist. Die Frau, die nach einer Routineuntersuchung erfährt, dass sie Brustkrebs im fortgeschrittenen Stadium hat. Die Pflegeperson, die Tag für Tag die schwere Last trägt, einen Angehörigen mit schwersten Einschränkungen zu versorgen.

Gib mir Kraft, Herr.

Jesus mochte dieses Gebet auch. Er brachte uns bei, es zu beten, und er betete es auch selbst.[19]

Als sich seine Zeit auf der Erde ihrem Ende näherte, gab er seinen Jüngern klare Anweisungen, wie sie extrem schwere Zeiten durchleben konnten. Er wusste, dass sie dies für spätere Generationen aufschreiben würden – zu denen auch wir gehören. Er versicherte uns unmissverständlich, dass die Geschichte einem Höhepunkt zustreben würde und dass diese Zeiten für die menschliche Seele besonders hart wären. Er forderte uns auf, um die Kraft zum Überwinden zu bitten:

> *Seht euch den Feigenbaum an, oder nehmt irgendeinen anderen Baum. Wenn sie ausschlagen, wisst ihr, dass der Sommer nahe ist. Genauso ist es, wenn ihr seht, dass jene Dinge geschehen: Dann wisst ihr, dass das Reich Gottes nahe ist. Ich sage euch: Diese Generation wird nicht vergehen, bis alles geschehen ist. Himmel und Erde werden vergehen, aber meine Worte werden nicht vergehen. Hütet euch vor einem ausschweifenden Leben und vor übermäßigem Weingenuss und lasst euch nicht von den Sorgen des täglichen Lebens gefangen nehmen. Sonst wird euer Herz abgestumpft, und ihr werdet von jenem Tag überrascht werden wie von einer Falle, die zuschnappt. Denn er wird über alle Bewohner der Erde hereinbrechen. Seid wachsam und betet, ohne nachzulassen, damit ihr die Kraft habt, all dem zu entrinnen, was geschehen wird, und damit ihr bestehen könnt, wenn ihr vor den Menschensohn tretet.*
>
> *Lukas 21,29-36*

Stark genug, um dem zu entrinnen – so wären wir gern und das hätten wir gern. Stark genug, um zu überleben und zu triumphieren. Es durch den Sturm hindurch zu schaffen.

Es ist keine gewöhnliche Kraft, die Jesus uns anbietet. Es ist kein Optimismus oder das Gefühl, erfrischt in einen neuen Tag zu gehen. Schwere Zeiten erfordern mehr als bloße Willenskraft. Jesus warnt uns, er fordert uns nachdrücklich auf, ja er befiehlt uns förmlich, um Kraft zu bitten. Das griechische Wort hier lautet *katischyō* und es bedeutet: 1.a) zu Kräften kommen, erstarken,

b) imstande sein, vermögen, 2. die Oberhand gewinnen, besiegen, überwältigen, den Sieg davontragen.[20]

Es ist eine kühne Kraft. Sie beinhaltet einen Kampf und einen Feind, den wir überwinden können. Das erinnert mich an das Gebet Heinrichs V. am Abend vor der Schlacht von Agincourt. Die englischen Truppen sind erschöpft, viele Soldaten verwundet oder krank. Sie stehen einer französischen Armee gegenüber, die fünfmal größer ist und in ihrem eigenen Land kämpft. Heinrichs Männer sind völlig unterlegen. Der König fällt im Dunkeln auf die Knie und betet um Kraft:

> *O Gott der Schlachten!*
> *Stähle meine Krieger,*
> *erfüll' sie nicht mit Furcht,*
> *nimm ihnen nun den Sinn des Rechnens,*
> *wenn der Gegner Zahl*
> *sie um ihr Herz bringt.*[21]

König Heinrich ruft zum Gott des Krieges. Wenn wir von „Gott dem Allmächtigen" sprechen, müssten wir hinzufügen, dass die wörtliche Übersetzung eigentlich lauten würde: „der Herr der himmlischen *Armeen*". Unser Gott ist der Gott des Krieges, „mächtig im Kampf" (Psalm 24,8). Wir brauchen ihn, um unseren Herzen Kraft zu verleihen, sodass wir einen *unverrückbaren* eisernen Schutzwall um uns herum haben.

Der Begriff *katischyō* wird nur an einer weiteren Stelle im Neuen Testament verwendet. Auch hier ist Jesus derjenige, der spricht, und er verkündet dabei den kommenden Sieg seiner neu gegründeten Bewegung, dieser Revolution, welche die triumphierende Kirche ist. Matthäus hat diesen Moment für uns festgehalten. Jesus verspricht, dass die Mächte der Hölle seine Kirche nicht „überwinden" würden: „Deshalb sage ich dir jetzt: Du bist Petrus, und auf diesen Felsen werde ich meine Gemeinde bauen, und das Totenreich mit seiner ganzen Macht wird nicht stärker sein als sie“ (Matthäus 16,18).

Es ist kein Zufall, dass *katischyō* nur an diesen beiden Stellen verwendet wird. Jesus möchte uns klarmachen, dass es die Mächte der Hölle sind, die uns zu überwältigen versuchen, die das menschliche Herz zerstören wollen – vor allem die Herzen derjenigen, die ihm nachfolgen. Die Kraft, um die wir nach Gottes Willen bitten sollen, ist eine Kampfeskraft, die Kraft, mit der wir die Schlacht gewinnen, den Sieg erringen. Wäre das in diesen Zeiten nicht wunderbar?

Wir brauchen eine solche Stärke des Herzens, des Verstands und des Geistes. Eine Kraft, die überwindet. Denn es gibt Mächte, die uns zum Aufgeben zwingen wollen.

Die Versuchung aufzugeben

„Ich weiß, dass ich nach draußen gehen sollte. Ich weiß, dass Sport gut für meinen Körper ist, aber ich will einfach gar nichts machen.“

Ich sprach mit einer jungen Frau, die mit den ersten Stadien einer Depression zu kämpfen hatte. Teilweise war dies auf das Trauma der Pandemie zurückzuführen – dadurch war sie so verletzlich geworden. Doch zum größten Teil rührte ihre Niedergeschlagenheit von einem Angriff des Feindes her, der ihren geschwächten Zustand ausnutzte. „Ich weiß auch, dass es gut für mich wäre, wenn ich mich mit anderen treffen würde. Aber ich will am liebsten nur auf der Couch liegen. Ich habe nicht die Kraft, all das zu tun, was mir jetzt bestimmt helfen würde.“

Als wir uns verabschiedeten, dachte ich: *Wie sollen wir die Kraft zum Überwinden finden, wenn wir nicht einmal mehr darum bitten wollen?*

Ein paar Tage später saß ich im Wald auf einer Bank an einem schönen kleinen Bach. Es war ein heißer Tag und ich genoss den Schatten der Nadelbäume, die Kühle, die das Gewässer spendete, und sein sanftes Rauschen. Ich saß also auf der moosbewachsenen Bank und ließ ganz einfach die heilende Kraft dieses kleinen Gartens Eden auf meinen müden Körper und meine Seele wirken. Ich dachte über die junge Frau nach, mit der ich gesprochen hatte, und über meine eigenen Kämpfe, um meinen Glauben aufrechtzuerhalten.

Nach einer Weile wurde meine Aufmerksamkeit auf die Spinnen gelenkt, die über dem Bach ihre Netze gewoben hatten. Ich staunte über ihre brillante Architektur – wie gelingt es ihnen, ihre ersten Fäden über einem fließenden Gewässer zu spannen? Es muss die reinste Akrobatik sein. Ihre Netze befanden sich nur gut einen Zentimeter über der Wasseroberfläche – der perfekte Ort, um Stechfliegen und alles andere zu fangen, was so über das Bächlein hinwegfliegt.

Und da saßen die Spinnen nun und warteten in aller Stille. Ich bewunderte ihre Geduld, wie sie dort tagelang regungslos und unentdeckt ausharrten, um Beute zu fangen. Plötzlich musste ich an unseren Feind denken – wie er Komplotte schmiedet und Fallen stellt, die Jahre brauchen, bis sie sich auswirken und die Menschheit gefangen nehmen.

Die Ära, die wir gerade durchlebt haben – was ich die Komfortkultur nennen würde –, hat uns geschwächt angesichts der Prüfungen, die uns bevorstehen. Bevor die Pandemie kam, berichteten die Universitäten, dass ihre psychologischen Beratungsstellen jedes Jahr in den ersten Semesterwochen von Studienanfängern geradezu überschwemmt würden und es vor allem um Ängste und Depressionen ginge. Der Leiter eines Kurses zur Einführung ins College-Studium erzählte mir kürzlich: „Achtzehn ist das neue zwölf. Unsere Studierenden sind emotional unterentwickelt. Sie sind weitaus weniger widerstandsfähig als jede andere Generation vor ihnen und wir wissen nicht genau, warum."

Dafür gibt es natürlich viele Gründe, denn Menschen sind wunderbar kompliziert. Aber eines muss ehrlich gesagt werden: Wenn man in einer Welt aufwächst, in der alles mit ein paar Klicks auf dem Smartphone erledigt wird, bildet man dadurch nicht unbedingt Resilienz aus. Jeder in unserer hoch entwickelten Welt erlebt ein Niveau an Bequemlichkeit, das für frühere Generationen unvorstellbar war. Es ist das Zeitalter der Über-Nacht-Lieferung. Lassen Sie mich rasch hinzufügen, dass auch ich diese Annehmlichkeiten des modernen Daseins voll genieße. Aber ich bin mir auch dessen bewusst, dass sie mich verweichlicht haben. Das Netz, in dem wir gefangen wurden, brauchte Jahre, bis es aufgebaut war – eine brillante Verwobenheit zwischen der Komfortkultur und dem Babel einer leicht zugänglichen Technologie.* Die Generation des Zweiten Weltkriegs hingegen kam aus der Weltwirtschaftskrise mit Realitätsbewusstsein, Mumm und Widerstandskraft.

Wenn man in einer Welt aufwächst, in der alles mit ein paar Klicks auf dem Smartphone erledigt wird, bildet man dadurch nicht unbedingt Resilienz aus.

---

* Wenn Sie Bo Burnhams Musikvideo „Welcome to the Internet“ gesehen haben, wissen Sie genau, was ich meine. Seine Dokumentation über seinen einsamen Weg in die Depression während der Quarantäne-Zeit ist zutiefst erschreckend, weil sie offenbart, womit wir alle konfrontiert sind.

Die Pandemie war eine Apokalypse im wahrsten Sinne des Wortes – sie *offenbarte* so manches über uns und unsere Welt.* Vieles von dem, was sie ans Tageslicht brachte, gefällt uns nicht, wozu auch die Tatsache gehört, dass wir nicht so widerstandsfähig sind, wie wir gedacht haben, als alles noch glattlief.

Also sind wir geschwächt in diese wirklich harte Zeit geraten. Es ist, als würden wir barfuß und grippekrank in den Krieg nach Afghanistan geschickt. Wir wurden hereingelegt, damit wir den Mut verlieren, überwältigt werden und aufgeben. Jesus hat all dies gewusst und deshalb fordert er uns liebevoll auf, um die Kraft zum Überwinden zu bitten. In seiner Stimme liegt Dringlichkeit.

Und warum, das werden wir gleich erfahren.

Die Abkehr von Gott

Aufzugeben war immer etwas, womit Menschen in ihrer Schwachheit zu kämpfen hatten. Wenn Jesus uns aber dringend auffordert, um Kraft zu bitten, damit wir *entrinnen* können, dann meint er damit etwas ganz Bestimmtes, das er kommen sieht: „Viele werden vom Glauben abfallen" (Matthäus 24,10).

Der Apostel Paulus war darüber tief beunruhigt, als er seinen in Thessalonich lebenden Freunden schrieb: „Lasst euch von niemand in irgendeiner Weise irreführen! Denn vor dem Tag des Herrn muss es zuerst noch zur großen Auflehnung gegen Gott kommen" (2. Thessalonicher 2,3). Bevor die Geschichte ihren Höhepunkt erreicht und Jesus wiederkommt, um alles neu zu machen, wird es eine Art globale Abkehr der Menschen von

* Anmerkung der Übersetzerin: Der aus dem Griechischen stammende Begriff „Apokalypse" bedeutet ursprünglich „Enthüllung", „Offenbarung" (vgl. *Langenscheidts Großwörterbuch Griechisch-Deutsch.* Langenscheidt: Berlin, München, Wien, Zürich 1979[23], S. 90).

Gott geben. Das griechische Wort hier lautet *apostasia* (Abfall, Aufstand), weswegen manche auch übersetzen: „Lasst euch von niemandem verführen, … denn zuvor muss der Abfall kommen" (2. Thessalonicher 2,3; L17).

Aber die Begriffe *Abfall* oder *Aufstand* beschwören noch mehr Bilder einer Zombie-Apokalypse herauf und deshalb sind sie für unser richtiges Verständnis der Situation nicht besonders hilfreich. Ich glaube nicht, dass wir Millionen von Menschen sehen werden, die sich die Worte „Ich hasse Gott; ich liebe Satan" auf die Brust tätowieren lassen, und dass es in jeder großen Stadt Demonstrationen geben wird, auf denen Jesus Christus verlästert wird.

Satan ist viel cleverer. Was wir wirklich zu sehen bekommen werden – und was bereits jetzt der Fall ist –, das sind ganz einfach Menschen, die sich in großer Zahl von Gott abwenden. Deshalb gefällt mir eine andere Übersetzung an dieser Stelle besser, denn sie lautet: „Bevor Christus erscheint, muss die Zeit kommen, in der viele Menschen Gott den Rücken kehren" (2. Thessalonicher 2,3; Hfa).

Diese Entwicklung begann in unseren Gemeinden sehr vereinzelt. Man hörte hier und da von einem bekannten christlichen Leiter oder von einer Person aus unserem eigenen Umfeld, die ihren Glauben hinter sich ließen. In den letzten Jahren geschah dies in größerem Ausmaß. Reife Christen, die sich einst so leidenschaftlich für Christus engagiert hatten, fuhren entweder ihr Leben an die Wand oder sie blieben einfach weg und gaben ihren Glauben auf.

Sicherlich führte auch der Umgang mit der Corona-Pandemie in vielen Gemeinden zu einer Spaltung, aber viele Betroffene suchten sich daraufhin keine neue Gemeinde, sondern blieben ganz einfach zu Hause. Radikal einseitige Meinungen, die im Namen Jesu vorgetragen wurden, brachten viele Menschen dazu, sich vom Glauben ihrer Jugend abzuwenden. Einige suchten sich eine kulturell gefälligere Religion und tauschten die schwierigen Wahrheiten des Christentums gegen etwas ein, mit dem sie sich leichter identifizieren konnten.

Ich bin der Auffassung, dass wir gerade Zeugen dieser großen Abkehr von Gott werden.

Ich möchte aber auch gleich hinzufügen, dass es hierfür keine einfache Erklärung und keine schnelle Lösung gibt. Manche Menschen haben einfach genug vom Glauben. Aber oft hat dies auch mit persönlichem Leid und Enttäuschungen zu tun – weil Gott anscheinend nicht geholfen hat. Er schien nicht zu hören. Das sind die tiefsten Verletzungen des menschlichen Herzens. Wir werden uns später noch genauer mit der Frage beschäftigen, wie wir damit umgehen sollen.

Eines möchte ich jedoch hier schon vorwegnehmen: Wenn wir unseren Glauben aufgeben, dann ist es, als fänden wir uns in der Wüste wieder, mit müden, schmerzenden Beinen. Der Ausweg besteht nicht darin, dass wir uns die Beine abschneiden. Gott kann mit unserem Zorn, unserer Enttäuschung und sogar mit unserer Verbitterung umgehen. Doch wenn wir Jesus verlassen, verlieren wir dadurch die einzige Hoffnung, aus diesem Leid befreit zu werden.

Ich bringe das zur Sprache, weil der Feind sehr tückisch und geschickt darin ist, aus unserer Verwundbarkeit Kapital zu schlagen. Er benutzt die schweren Zeiten, um unser Herz durch Unglauben zu vernebeln. Wenn sich tatsächlich die große Abkehr von Gott überall auf der Erde breitmacht, dann brauchen wir eine Vorwarnung. Denn sie liegt in der Luft wie giftige Dämpfe und diese wollen wir nicht nach und nach in uns aufnehmen. Das Ganze gewinnt in unserer Gesellschaft immer mehr an Schwung und da wir soziale Wesen sind, können wir davon mitgerissen werden, ohne dass wir selbst eine bewusste Entscheidung getroffen haben.

Die Pandemie hat in uns allen die Sehnsucht befeuert, dass

alles wieder gut wird. Wir sind losgelaufen, um das auf irgendeine Weise und in irgendeiner Form zu verwirklichen. Doch all diese Bemühungen führen nur zur Enttäuschung, denn selbst der schönste Urlaub kann unsere Seele nicht von ihrem Trauma heilen. Wir kehren in eine Welt zurück, die immer noch voller Anspannung und Furcht ist. Der Verlust unserer Illusionen sorgt dafür, dass wir ernsthaft den Mut verlieren. Wir geben Gott auf, weil wir das Gefühl haben, dass er nicht zu uns durchdringt.

Und das ist genau das, was der Feind von langer Hand geplant hat.

Aber nun ist auch unsere Zeit gekommen und Jesus bietet uns seine Kraft an; also sollten wir sie mit beiden Händen ergreifen, solange wir es noch können.

Es beginnt mit einer Entscheidung

Ich habe Tausende von Männern und Frauen seelsorgerlich beraten und kann deshalb – aus ihrer und meiner eigenen Erfahrung – mit Gewissheit sagen: Egal, womit der Feind uns konfrontiert, er tut das immer, indem er uns das Gefühl vermittelt, dass wir nicht mehr dagegen ankämpfen wollen. Dies wird als *ennui* bezeichnet, eine geistige Ermüdung, eine Art Melancholie, das Gefühl des *Ich will einfach nicht mehr kämpfen.* Es ist Kierkegaards „Krankheit zum Tode", womit er meinte: „intensivierter Zweifel, Super-Zweifel, Mega-Zweifel".[22]

Und dieses Gefühl entspricht nicht unserem wahren Herzen.

Ich finde es sehr hilfreich zu verstehen: Diese Erschöpfung, die wir empfinden, dieses *Nicht jetzt, vielleicht später,* das Gefühl, überfordert zu sein, dieses *Was soll's? Wen interessiert das schon?* – das ist der Feind, nicht wir. Wenn wir das wissen, sind wir viel besser darauf vorbereitet. Wir können viel klarer die Entscheidung treffen, uns dem zu widersetzen. *Ich lehne dieses Gefühl von*

Was soll's? Wen interessiert das schon? *ab und auch das Gefühl, dass ich nicht mehr kämpfen will. Ich will kämpfen! Ich entscheide mich für die Kraft, die überwindet! Ich will nicht zu denen gehören, die am Ende aus dem Rennen genommen werden.*

Manche Menschen scheinen von Natur aus mehr Resilienz zu besitzen als andere. John Muir gehörte sicherlich dazu. Er konnte sein Camp morgens mit nicht mehr als einem Stück Brot in der Tasche verlassen und rund fünfzig Kilometer zu Fuß marschieren. Die Komfortkultur fördert diese Art körperlicher und geistiger Abhärtung eher nicht!

Doch Resilienz ist auch etwas, das uns *verliehen* wird, das Gott uns in unserer menschlichen Schwachheit *schenkt.* Und das ist wirklich eine gute Nachricht.

Der Prophet Daniel schreibt:

> *„Mir fehlt der Mut, und meine Kehle ist wie zugeschnürt." Der Engel, der wie ein Mensch aussah, berührte mich noch einmal und gab mir dadurch Kraft. „Hab keine Angst, denn Gott liebt dich!", sagte er. „Friede sei mit dir! Sei jetzt stark und mutig!" Während er mit mir sprach, kehrte meine Kraft zurück.* Daniel 10,17-19 (Hfa)

Resilienz ist auch etwas,
das uns verliehen wird,
das Gott uns in unserer menschlichen
Schwachheit schenkt.
Und das ist wirklich eine gute Nachricht.

Die erste Frucht von *katischyō* ist die Fähigkeit, nicht aufzugeben. Sie stattet uns mit dem Mut eines Winston Churchill aus: *Wir werden uns niemals ergeben, wir werden nie aufgeben!* Die Kraft zum Überwinden – diese starke, kämpferische Kraft eines Kriegers – kommt zunächst zu uns als die Kraft, nicht aufzugeben. Wenn wir müde und niedergeschlagen sind, wünschen wir uns einfach nur etwas Erleichterung – eine Tüte Chips, eine Flasche Wein, auf der Couch liegen und endlos Serien auf Netflix anschauen. Aber Jesus warnt uns, auf der Hut zu sein: „Lasst euch nicht von den Sorgen des täglichen Lebens gefangen nehmen. … Betet, ohne nachzulassen, damit ihr die Kraft habt, all dem zu entrinnen, was geschehen wird" (Lukas 21,34.36).

Jesus sagt, es gibt einen Weg, dem zu entrinnen. Hätten wir nicht gern einen Ausweg aus all diesen verrückten Entwicklungen? Gut – dann wollen wir gleich jetzt die Entscheidung treffen, ihn zu *empfangen.*

Kraftquelle
Die Kraft zum Überwinden empfangen

Wie aber gelangen wir an *katischyō,* die Kraft zum Überwinden?

Es beginnt mit dem, was ich das „ungeteilte Herz" nenne. Ein solches haben wir, wenn wir Gott mehr als alles andere schätzen und lieben. Wir lieben ihn in unserer Sehnsucht nach Linderung, wo wir so verwundbar sind. Wir lieben ihn in unserer Sehnsucht danach, dass alles wieder gut wird. Die Bibel verspricht uns, dass Gott allen zu Hilfe kommt, die ein solches ungeteiltes Herz besitzen: „Unermüdlich behält der HERR die ganze Welt im Blick, um die Menschen zu stärken, die sich von ganzem Herzen auf ihn verlassen" (2. Chronik 16,9; Hfa).

Gott schenkt die Kraft zum Überwinden all jenen, die ihm ihr Herz voll und ganz anvertraut haben. Darum ist ein ungeteiltes Herz so wichtig. Bevor Jesus uns die Kraft zum Überwinden anbietet, fordert er uns interessanterweise auf, uns von all dem abzuwenden, was scheinbar Leben schenkt, uns in Wirklichkeit aber auszehrt: „Hütet euch vor einem ausschweifenden Leben und vor übermäßigem Weingenuss und lasst euch nicht von den Sorgen des täglichen Lebens gefangen nehmen. Sonst wird euer Herz abgestumpft, und ihr werdet von jenem Tag überrascht werden wie von einer Falle, die zuschnappt" (Lukas 21,34-35).

Nun hat Jesus ja selbst hin und wieder ein Glas Wein getrunken. Warum erwähnt er das Trinken von Alkohol hier ausdrücklich? Weil es eine Art des Trinkens gibt, die einer *Kapitulation* gleichkommt. Fast jeder, der Alkohol trinkt, weiß, wovon ich hier rede. Wir kommen abends nach Hause, sind total kaputt und ausgezehrt und wollen nur noch „ein Gläschen trinken und abhängen". Das ist kein Freudentrunk, kein feierlicher Trinkspruch auf einer Hochzeit, kein schönes Abendessen mit Freunden. Es ist die kleine weiße Flagge der Kapitulation.

Johannes vom Kreuz, dessen Geschichte ich bereits im ersten Kapitel erwähnt habe, war so ein Mensch mit einem ungeteilten Herzen. Nachdem seine Peiniger ihn gnadenlos zusammengeschlagen hatten und ihm die Freiheit anboten, wenn er seine Treue zu Christus aufgebe, lehnte er ab. Gott gab diesem Mann mit dem ungeteilten Herzen die Kraft zum Überwinden.

Wenn wir unser Herz Jesus oder unserem Vater zuwenden (die beiden sind ja eins), praktizieren wir die Liebe zu ihm. *Ich liebe dich, Gott. Ich liebe dich, Gott. Ich liebe dich, Gott.* Das ist kein *Gefühl* der Liebe; der Kampf und die Erschöpfung geben uns eher das Gefühl, leer zu sein. Wir entscheiden uns aber trotzdem, Gott zu lieben. Das ist die Kraft zum Überwinden; sie ermöglicht uns den ersten mutigen Schritt, standhaft und in unserem

Herzen ungeteilt zu bleiben. So praktizieren wir immer und immer wieder unsere Liebe zu Gott. *Ich liebe dich, Herr.*

Und wir bitten ihn um *katischyō* – seine überwindende, standhaltende und erobernde Kraft. Gott bietet sie uns an, also sollten wir darum bitten, bitten, bitten!

> *Vater, Jesus, Heiliger Geist – Gott der ganzen Schöpfung, Gott des Sturms und des Wasserfalls, ich brauche deine Kraft. Ich brauche die Kraft zum Überwinden. Ich möchte dir nicht den Rücken kehren; ich möchte nicht den Mut verlieren.*
>
> *Ich entscheide mich für dich vor allem anderen. Ich gebe dir meine Treue und meine ungeteilte Liebe. Ich entscheide mich für ein ungeteiltes Herz dir gegenüber, Herr Jesus – mit Leib, Seele, Geist, Herz, Verstand und Willen.*
>
> *Ich bitte um eine übernatürliche Resilienz, Gott. Erfülle mich mit deiner Überwinderkraft, der siegreichen Kraft. Vater, Herr des Himmels und der Erde, stärke mich. Ich bitte um Kraft für meinen Verstand, mein Herz und meinen Willen. Ich bitte um die Kraft, die es mir ermöglicht, all dem zu entrinnen, was sich in dieser Zeit gegen die Gläubigen richtet.*
>
> *Erfülle mich mit Resilienz. Im Glauben nehme ich sie an und danke dir dafür. Im Namen Jesu, Amen.*

Es kann ratsam sein, dieses Gebet häufiger zu sprechen. Darum habe ich all diese Gebete am Ende des Buches zusammengefasst, damit sie leichter aufzufinden sind. Die in diesem Buch vorgestellten Übungen habe ich in „30 Days to Resilience" durch weitere Gedanken ergänzt, die Sie vielleicht hilfreich finden könnten. In meiner (englischsprachigen) App „One Minute Pause" erhalten Sie hierzu den kostenlosen Zugang. Sie können diese im App Store herunterladen.

Alles Weitere, was wir in diesem Buch gemeinsam entdecken und lernen, vertieft unsere Fähigkeit, die Kraft zum Überwinden in uns aufzunehmen, zusammen mit anderen wunderbaren Ressourcen, die Gott uns zur Verfügung stellt.

Raubtiere

Die Welt ist ein gefährlicher Ort.

Diese beunruhigende Tatsache hat allen Generationen vor uns zur Demut verholfen und ihren Verstand geschärft. Aber wir leben in der Gourmet-Latte-Generation. Der Generation, die es gewohnt ist, dass ihr alle Informationen sofort zur Verfügung gestellt werden und dass sie alles, was sie haben will, über Nacht geliefert bekommt. Wenn wir in die Realität zurückkehren, indem wir uns auch nur einen Kilometer weit in die Natur hineinbegeben, finden wir uns in einer Welt wieder, die dazu bestimmt ist, uns zu klugen, resilienten Menschen zu machen.

Doch nicht jeder lernt diese Lektion.

Timothy Treadwell war ein Bärenfan, Dokumentarfilmer und selbst ernannter Umweltschützer. Dreizehn Sommer lang lebte er „unter" den Braunbären – die er Grizzlybären nannte – im Katmai Nationalpark in Alaska. Treadwell meinte, die Bären vor Wilderern schützen zu müssen, obwohl Ranger berichteten, in dem Park seien keine Fälle von Wilderei dokumentiert.

Im Jahr 2003 blieb Treadwell gemeinsam mit seiner Freundin bis zum Oktober im Park, obwohl er diesen früher immer zum Ende des Sommers hin verlassen hatte. Weil er bis zum Herbst blieb, kam es zur Begegnung mit neuen Bären, die von den Bergen herunterzogen – und sich nicht an seine Anwesenheit gewöhnt hatten. Der Herbst ist außerdem die Zeit, in der Bären aggressiver werden und mehr jagen, weil sie für den Winter Kalorien anfressen müssen. Treadwell und seine Freundin wurden von einem achtundzwanzig Jahre alten Küstenbraunbär getötet und aufgefressen.

Manche Leute halten Treadwell für einen mutigen Menschen, andere für einzigartig sensibel. Die meisten Bewohner von Alaska bezeichneten ihn jedoch ganz einfach als verrückt. Zu welchem Schluss man auch kommt, wenn man Grizzly Man, *den Dokumentarfilm über ihn, gesehen hat, so lässt es sich zumindest nicht leugnen, dass Treadwell auf tragische Weise ein wahrhaft naiver Mensch gewesen ist.*

Kapitel 4

Aus der Einöde in den Garten Eden

Lasst euch von niemand in irgendeiner Weise irreführen! Denn vor dem Tag des Herrn muss es zuerst noch zur großen Auflehnung gegen Gott kommen.
2. Thessalonicher 2,3

Bestimmt haben Sie irgendwann schon einmal einen Naturfilm gesehen – großartige Aufnahmen, in denen Tausende von Rentieren über die Tundra ziehen oder Gnus ihre jährliche Pilgerreise quer durch den Serengeti-Nationalpark unternehmen.

Die Kamera filmt zunächst von oben und zeigt uns unzählige Tiere, die sich alle wie in einer großen Welle fortbewegen. Dann fährt sie näher heran und konzentriert sich auf ein kleines Mitglied der Herde, das hinterherhinkt. Die Stimme des Erzählers erklärt uns: „Für das verletzte Kalb wird es gefährlich, weil es von der Herde getrennt ist." Wir brauchen nicht viel Fantasie, um uns vorzustellen, was als Nächstes passieren wird. Wölfe. Hyänen. Ich hasse diesen gewalttätigen Aspekt der Natur. Ja, die Welt kann ein gefährlicher Ort sein.

Jesus weiß das ganz genau, denn er hat es ja selbst erlebt.

Die Dringlichkeit, mit der er uns manchmal bittet, drängt und warnt, ist aus dieser tiefen Nüchternheit geboren. Entferne dich vom Hirten und du wirst Schaden erleiden. Die Mächte der Finsternis kommen, um „zu stehlen und zu schlachten und um Verderben zu bringen" (Johannes 10,10). Wenn wir diese Worte doch nur ernster nehmen würden! Was würde die Kamera wohl zeigen, wenn sie unser Leben in den Blick nehmen und offenbaren würde, wer uns auf den Fersen ist? Ich bin überzeugt, dass wir uns dann näher zum Hirten begeben würden. Aber in unserem erschöpften Zustand wollen wir nur Flipflops und Sushi und darum passen wir nicht gut genug auf.

Als Jesus erklärt, welche Prüfungen in der letzten Zeit noch auf uns zukommen, werden seine Warnungen noch eindringlicher:

> *Um meines Namens willen werdet ihr von allen Menschen gehasst werden. Wer aber bis ans Ende standhaft bleibt, wird gerettet.* *Matthäus 10,22*

> *Seid standhaft, dann werdet ihr das Leben gewinnen.*
> *Lukas 21,19*

Standhaft bleiben – das ist die Trennungslinie zwischen denen, die es durch alle erdenklichen Prüfungen hindurchschaffen, und denen, die es nicht schaffen.

Doch lassen wir uns davon nicht entmutigen, denn hier geht es nicht in erster Linie um unsere eigene Tapferkeit. Die Resilienz, die Jesus uns anbietet, kommt aus *seinen* Ressourcen; die Fähigkeit, standhaft zu bleiben, wird uns von ihm *verliehen.* Deshalb möchte ich diesen Gedankengang kurz unterbrechen und auf Amphibien zu sprechen kommen, jene Kreaturen, die in zwei Welten leben können.

Die übernatürlichen Geschenke Gottes

Christen sind so beschaffen, dass sie in zwei Ökosystemen, zwei Realitäten, leben und deren Vorteile genießen können: in der physischen und der spirituellen Welt, auf der Erde und im Himmel.

Jede dieser Welten hat etwas zu bieten, das uns Menschen zu einer positiven Entwicklung verhilft. Die natürliche Welt ist mit Schönheit gesättigt und Schönheit nährt die menschliche Seele. Darum fahren wir so gern an schöne Orte, um dort Urlaub zu machen. Wenn wir uns regenerieren wollen, machen wir einen Spaziergang im Wald, schwimmen im Meer, fahren mit dem Rad durch die Weinberge, genießen Musik und ein gutes Essen auf der Terrasse unter den Sternen. Es gibt viel Natürliches, das Herz und Seele nährt und stärkt: Die Schönheit gehört dazu, die Stille, ebenso auch die Natur und das Loslösen von der Technologie. Mein Buch „Wo die Seele atmen kann", das ich kurz vor der Pandemie geschrieben habe, widmet dieser wohltuenden Schönheit ein ganzes Kapitel; darum möchte ich es hier nicht weiter vertiefen.[23]

Wir sind außerdem so geschaffen, dass wir in der *geistlichen* Welt gut leben und auf die übernatürlichen Geschenke zurückgreifen können, die uns durch das wunderbare Reich Gottes zur Verfügung stehen. Wenn Sie jemals Gottes Trost oder seine Liebe erfahren haben, dann war das der Himmel, der zu Ihnen auf die Erde gekommen ist. Sie konnten das Reich Gottes in Anspruch nehmen, um die Hilfe, die Kraft und die Unterstützung zu erhalten, die Sie brauchten.

Durch das Gebet erreichen wir den Himmel und bekommen von dort, was wir benötigen. Wenn Sie schon die Freude erlebt haben, dass Jesus zu Ihnen sprach, wenn er Ihnen Bibelverse, Lieder oder etwas anderes schenkt, das Ihr Herz berührt, dann ist das der Himmel, der in Ihre natürliche Welt hineinkommt. Sie greifen damit auf die Ressourcen des Reiches Gottes zurück. Und es gibt noch *so* viel mehr zu entdecken!

Wenn Sie jemals Gottes Trost oder seine Liebe erfahren haben, dann war das der Himmel, der zu Ihnen auf die Erde gekommen ist.

Aus irgendeinem Grund muss ich gerade an Pinguine denken. Zwar sind sie keine Amphibien, aber auch sie können sich mit Leichtigkeit zwischen zwei Welten bewegen. Wie die meisten Tiere, die an Land leben, nisten und schlafen auch sie dort, paaren sich und ziehen ihre Jungen auf. Trotzdem sind sie wunderbar an das Meer angepasst. Pinguine bewegen sich an Land eher unbeholfen, aber wenn sie schwimmen und tauchen, sind sie graziös und elegant. Auch bei uns sollte es so sein: Wir sollen nicht nur gut angepasst sein, sondern sogar elegant in unserer Fähigkeit, im Reich Gottes umherzuschwimmen.

Von Natur aus sind wir so geschaffen, dass wir in zwei Welten leben und unsere Kraft aus beiden beziehen; darum bezeichne ich uns als Amphibien. Aber die meisten von uns greifen nicht auf die übernatürlichen Ressourcen zurück. Wenn wir diese ignorieren und meinen, dennoch in Zeiten wie diesen gut klarzukommen, dann irren wir uns.

Wenn man einen Frosch – der nun wirklich ein Amphibium ist – in einen Wasserbehälter setzt, wo es keinen trockenen Ort gibt, auf den er krabbeln kann, wird er sterben. Und setzt man ihn in ein Terrarium ohne Wasser, wird er das ebenfalls nicht überleben. Amphibien brauchen beide Lebensräume, um zu gedeihen. Wir werden keine Resilienz entwickeln, wenn wir die Ressourcen ignorieren, die Gott in der reichen Fülle seines schönen Reiches für uns bereithält.

Verwüstung

Im Sommer 2021 durchlebte ich eine Reihe niederschmetternder Ereignisse. Ich hatte den Eindruck gehabt, dass Gott mir bestimmte Dinge zusagte, die sich dann doch nicht erfüllten, und zwar auf eine Weise, die mir regelrecht das Herz brach. Ich fühlte mich so verraten und verlassen. In diesem verwundbaren Zustand kam etwas über mich, das wie eine dunkle Wolke war, eine Art erstickender Nebel, der mich dazu drängen wollte, mein Leben mit Gott aufzugeben.

Ich erzählte zwei meiner Kollegen von dieser Erfahrung, beides gläubige Männer, die schon eine sehr lange Beziehung zu Jesus haben. Sie vertrauten mir an, dass auch sie schon so etwas Ähnliches erlebt hatten. Tatsächlich hatten beide im Frühjahr 2021 eine Zeit durchgemacht, in der sie das Gefühl hatten, ihren Glauben vielleicht ganz zu verlieren. Ich war ziemlich schockiert, da ich wusste, wie standhaft diese beiden Männer eigentlich sind. Es schien mir unglaublich, dass jemand mit einer derartigen Resilienz an so einen Punkt gelangen könnte.

Das Wichtige an unseren Erfahrungen ist, dass wir alle drei aus diesem Nebel wieder herauskamen und sich unser Leben mit Gott normalisierte. Alles war wieder in Ordnung. Sicherlich ging es um echte menschliche Enttäuschungen, aber dass wir so plötzlich von diesem Nebel eingeschlossen und auf ebenso dramatische Weise wieder davon befreit wurden, offenbarte, dass dieser vom Feind kam und direkt mit der Abkehr von Gott zu tun hatte, die uns für diese Zeit vorausgesagt ist (siehe Kapitel 3). Das allen gemeinsame Symptom war eine tiefe Verzweiflung, eine Art Verwüstung von Herz und Seele, die sicherlich damit zusammenhängt, wovor Jesus uns warnt.

Der Prophet Daniel kündigt eine Zeit an, in der ein „Verwüster" auf die Weltbühne treten wird (Daniel 9,27; L17). Dies wird als eine der letzten Prüfungen jenes Zeitalters vorausgesagt. Jesus bezieht sich bei seinen Warnungen und Ratschlägen, mit denen wir uns schon beschäftigt haben, auf genau diese Realität. Und Paulus bringt diese Macht – worum auch immer es sich dabei handelt – mit der Abkehr von Gott in Verbindung, über die er im 2. Thessalonicherbrief spricht.

Wir müssen uns an dieser Stelle nicht in verzwickte Debatten stürzen über den Antichristen, das Tier, die Hure Babylon und wie all das sich auf der Weltbühne zutragen könnte. Es besteht keine Notwendigkeit, sich auf irgendwelche Abwege zu begeben, um die simple Tatsache anzuerkennen, dass etwas oder jemand eine Verwüstung verursachen wird und diese Verwüstung dazu beiträgt, dass Menschen ihren Glauben an Gott verlieren. Dagegen müssen wir unser Herz unbedingt wappnen. Meine Kollegen und ich haben es erlebt und wir sehen es auch bei unseren Klienten und bei Menschen auf der ganzen Welt.

Zu den Symptomen gehören eine Art Taubheit des Herzens, eine Armut des Geistes, eine Verödung der Seele. Die Enttäuschung, die in bestimmten Situationen durchaus verständlich ist, macht einer Desillusionierung Platz. Es wird schwer, wieder Hoffnung und Freude zu empfinden.

Das Schlimmste aber ist, dass sich eine Leere in unserem Leben mit Gott einstellt. Der Glaube fühlt sich flach und dumpf an oder er ist gleich ganz verschwunden. Wir sind enttäuscht von Gott und haben das Gefühl, dass wir gar nicht mehr an ihn glauben. Die Hoffnungslosigkeit infiziert unseren Glauben. Wie das hinkende Rentier geben wir uns geschlagen und lahmen der Herde hinterher, werden zur leichten Beute von Raubtieren, die unsere Seele in die Wüste zerren wollen. Glauben Sie mir – das möchten Sie nicht erleben. Es ist schrecklich.

Darum müssen wir die übernatürlichen Ressourcen finden, mit denen wir unser Herz vor der Verwüstung schützen, was auch immer deren Ursache ist, und vor der reißenden Strömung, die uns von Gott wegzieht oder uns dazu bringt, unseren Glauben komplett aufzugeben.

Denn der Kampf tobt um unser Herz. Immer geht es um unser Herz.

Der Tempel unseres Herzens

Faszinierenderweise wird diese Verwüstung, worum auch immer es sich dabei handelt, in der Bibel mit einer Schändung des Tempels Gottes in Verbindung gebracht. Deshalb nehmen viele Christen an, dass der Tempel in Jerusalem wieder aufgebaut sein muss, damit diese Endzeit-Prophetien in Erfüllung gehen können.

Doch haben wir vergessen, dass Gott den Tempel an einem anderen Ort errichtet hat? Die geografischen Gegebenheiten haben sich hier erstaunlich verändert, denn Gott hat sich ein anderes Spielfeld ausgesucht. Aus dem Tempel-Gebäude hat er den Tempel des Herzens gemacht:

> *Wisst ihr nicht, dass ihr der Tempel Gottes seid und dass Gottes Geist in eurer Mitte wohnt?* *1. Korinther 3,16*

> *Gottes Tempel ist heilig, und dieser heilige Tempel seid ihr.* *1. Korinther 3,17*

> *Dieser Tempel des lebendigen Gottes sind wir.* *2. Korinther 6,16*

> *Habt ihr denn vergessen, dass euer Körper ein Tempel des Heiligen Geistes ist? Der Geist, den Gott euch gegeben hat, wohnt in euch.* *1. Korinther 6,19*

Wenn Sie also ein Kind Gottes sind und Jesus nachfolgen, sind Sie jetzt der Tempel. Das Neue Testament macht das deutlich. Verfolgen Sie diesen Gedanken intensiv, denn er ist so heilig und zutiefst ermutigend, dass er Ihnen in diesen Zeiten eine lebhafte Resilienz verleihen kann. Ihr Herz ist der Wohnort des allmächtigen Gottes! (Wenn Sie ihn in Ihr Herz eingeladen haben, was ganz einfach ist. Sie brauchen nur zu sagen: „Herr Jesus – ich brauche dich. Unbedingt. Ich öffne den Tempel meines Herzens für dich und bitte dich zu kommen und in mir zu wohnen. Ich gebe dir mein Leben in jeder Hinsicht. Komm und sei mein rettender Gott, der in meinem Herzen wohnt.")

Im Alten Testament gab es erst das Zelt der Begegnung und dann den Tempel. Das waren die heiligen Orte, an denen Gott mitten unter seinem Volk wohnte.

> *Da kam die Wolke des Herrn auf das Begegnungszelt herab, und seine herrliche Gegenwart erfüllte die neu errichtete Wohnung.* *2. Mose 40,34*

> *Während sie [die Sänger und Musiker] sangen, verließen die Priester wieder den Tempel, und es kam eine Wolke auf ihn herab. Die Herrlichkeit des HERRN erfüllte das ganze Haus.*
> *2. Chronik 5,13-14; Hfa*

Kein Wunder, dass der Satan bei *zahlreichen* Gelegenheiten versuchte, sowohl das Zelt der Begegnung als auch den Tempel zu schänden, zu entweihen und letztlich zu zerstören – denn hier befand sich das Epizentrum des Lebens Israels mit seinem lebendigen Gott. Hier begegnete Gott seinem Volk.

Doch als Jesus Christus kam – der auch den Namen Immanuel (Gott mit uns) trägt –, änderte sich der Ort, an dem der heilige Gott lebte, auf atemberaubende Weise. Als Christus am Kreuz starb, riss das Tuch vor dem Allerheiligsten des Tempels von oben bis unten; der Heilige Geist kam an Pfingsten; und nun befindet sich der Tempel im menschlichen Herzen, denn dort hat Gott sich niedergelassen, damit „Christus aufgrund des Glaubens in euren Herzen wohnt" (Epheser 3,17).*

Die Verwüstung, die ich oben beschrieben habe, und die Abkehr von Gott, von der ich in Kapitel 3 sprach, ergeben einen Sinn, wenn wir erkennen: Unser Feind weiß, dass Gott einen neuen Tempel erbaut hat – das Herz seines Volkes. Darum versucht Satan dort eine Verwüstung anzurichten. Er will die Herzen derer, die Gott nachfolgen, entweihen, weil sie der Ort sind, wo sich jetzt das Allerheiligste befindet. (Zumindest hier auf der Erde; es gibt auch das wahre Allerheiligste im Himmel.**)

Wir haben gesehen, wie sich diese Verwüstung im Leben Tausender Menschen auswirkt. Ein Freund schrieb mir über seine Erfahrungen mit diesem Thema:

> *Heute Morgen habe ich Jesus gebeten, mir mehr darüber zu sagen. Er zeigte mir eine Einöde und sagte: „Das ist es, was die Verwüstung mit dem menschlichen Herzen machen will." Ich habe gemerkt, dass es hier darum gehen soll, Leere statt Hoffnung zu bringen. Das ist der große nächste Schachzug des*

---

* Um diese Tatsache, dass Christen der Tempel Gottes sind, näher zu erforschen, können Sie auf der Website www.bibleproject.com (auch in deutscher Sprache verfügbar) umfangreiche Informationen unter dem Stichwort „temple" oder „Tempel" abrufen. Je genauer Sie dies verstanden haben, desto eher sind Sie in der Lage, Gottes Herrlichkeit in Ihrem Herzen zu empfangen.

** Das mag manchen Christen dabei helfen zu verstehen, wie nahe die letzten Tage gekommen sind. Denn sie haben bisher ja geglaubt, dass der jüdische Tempel in Jerusalem neu aufgebaut werden müsste, damit der Opferdienst wieder aufgenommen werden kann und die Verwüstung dort stattfindet. Doch in neutestamentlicher Zeit hat sich der Ort des Tempels ganz klar ins menschliche Herz verlagert. Darüber sollte nachgedacht werden. Allerdings muss man diese mögliche Interpretation nicht unbedingt übernehmen, um zu erkennen, dass wir unser Herz gegen den Feind wappnen sollten, vor allem in herausfordernden Zeiten.

Feindes nach all den Traumata dieser Jahre. Krankheit, negative Folgen, Isolation … aber all das ist so wenig greifbar und schwer festzunageln.

Ein aktuelles Beispiel

Eine der berüchtigten Folgen einer Corona-Erkrankung ist der Verlust des Geruchs- und Geschmacksinns. Bei manchen Menschen besteht dieses Symptom viele Monate weiter. Die Tochter einer befreundeten Familie ist eine kluge, musikalische, lebhafte Fünfzehnjährige, die genau wie ihre Eltern und Geschwister kulinarische Köstlichkeiten aus aller Welt mag. Besonders liebt sie koreanisches Essen. Aber als sie Covid-19 hatte, verlor sie ihren Geschmacksinn und er ist jetzt, *ein Jahr später,* immer noch nicht zurückgekehrt. Nun hat sie keine Freude mehr am Essen. So etwas kann man sicherlich eine oder zwei Wochen gut ertragen, aber wenn es ein Jahr so weitergeht, fühlt sich das an wie eine Ewigkeit. Das ist ein sehr verwundbares Territorium, ein Ort, an dem die Verwüstung eindringen und sich breitmachen kann.

Wir kennen noch nicht alle Langzeitfolgen, aber es sieht so aus, als sei ein Drittel aller Infizierten von Long-Covid betroffen, das länger als sechs Monate anhält.[24] Ich habe Freunde, die sogar nach mehr als einem Jahr noch Symptome hatten. Das zehrt an unserer noch verbliebenen Resilienz und macht uns verwundbar für die Verwüstung in jeder Form – vor allem dafür, dass wir von Gott enttäuscht sind und uns von ihm entfernen.

Laura van Dernoot Lipsky ist, wie bereits weiter oben erwähnt, die Gründerin und Direktorin des *Trauma Stewardship Institute*, das sich der Traumabewältigung gewidmet hat. „Lipsky hat Jahrzehnte damit zugebracht, Menschen zu helfen, damit sie die Folgen von Naturkatastrophen, Massen-Schießereien und anderen Krisen bewältigen können“, schreibt der Journalist Ed Yong.

„Das anfängliche Trauma mag schwer sein', sagt sie, ‚aber was die Menschen tatsächlich zerstört, ist das, was danach kommt.'"[25]

Dieser aufziehende Sturm bereitet mir am meisten Sorgen. Jeder Therapeut, den ich in Amerika oder Europa kenne, hat eine lange Warteliste. Das ist die Krise der psychischen Gesundheit, die uns einholt. Gott unser Vater aber wusste, dass wir solche Zeiten durchleben müssen, und deshalb hat er für uns vorgesorgt.

Die Herrlichkeit des Gartens Eden

Wenn wir wissen wollen, wie Verwüstung aussieht, dann brauchen wir uns nur eine kahle Einöde vorzustellen. Die Verwüstung will alles zur Einöde machen.

Was aber ist das Gegenteil von Einöde?

Der Garten Eden! Das Paradies Gottes, unser erstes Zuhause mit all seiner üppigen Pracht und grandiosen Schönheit, die hier, dort und überall in reichem Überfluss vorhanden ist!

Gott unser Vater aber wusste, dass wir solche Zeiten durchleben müssen, und deshalb hat er für uns vorgesorgt.

Wenn wir den Verlauf in der Bibel und in der Geschichte der Menschheit genau verfolgen, sehen wir, dass der Feind alles zur Wüste machen will, während Gott alles zu einem wiederhergestellten Garten Eden machen möchte. Die Resilienz, die wir gegen diese Verwüstung brauchen, erhalten wir aus der Herrlichkeit des Gartens Eden. Dieser ist Teil der Vorsorge, die der Vater für uns getroffen hat. Es ist die Herrlichkeit Gottes in uns und um uns, die uns die übernatürliche Widerstandskraft verleiht und uns wie ein Schild schützt.

Was verstehe ich unter der Herrlichkeit des Gartens Eden?

Denken wir an die Hochzeit in Kana, wo Jesus Wasser in Wein verwandelte. Er ließ die dort beschäftigten Diener sechs große Steinkrüge mit Wasser füllen, die achtzig bis hundertzwanzig Liter fassen konnten. Dann verwandelte Jesus jeden Tropfen davon in Wein – und zwar in einen exquisiten Wein, wie man ihn im Garten Eden erwarten kann oder beim Hochzeitsfest des Lammes! Hunderte Liter hervorragenden Weins, der am Ende der Party noch ausgeschenkt wurde. (Jesus ist übrigens jemand, mit dem man gerne zusammen ist; er weiß, wie man bei jeder Gelegenheit Freude auslöst!)

Nachdem Johannes diese Geschichte erzählt hat, schreibt er: „Durch das, was Jesus in Kana in Galiläa tat, bewies er zum ersten Mal seine Macht. Er offenbarte mit diesem Wunder seine Herrlichkeit, und seine Jünger glaubten an ihn“ (Johannes 2,11).

Was genau offenbarte Jesus hier? Gottes übernatürliche Kraft, mit der Mangel und Entbehrungen durch eine überwältigende Fülle überwunden werden! Das ist seine Herrlichkeit; das tat er durch die Kraft seiner Herrlichkeit.

Im Römerbrief will Paulus uns erklären, dass die Macht Gottes für uns und in uns zur Verfügung steht. Als er von der Auferstehung spricht, schreibt er: „Weil nun aber Christus durch die unvergleichlich herrliche Macht des Vaters von den Toten auferstanden ist, ist auch unser Leben neu geworden, und das bedeutet: Wir sollen jetzt ein neues Leben führen“ (Römer 6,4). Durch die Herrlichkeit Gottes wurde Jesus von den Toten auferweckt. Die Herrlichkeit Gottes – die erneuernde, zum Leben erweckende Herrlichkeit Gottes.

Jesaja weist darauf hin, dass Gottes Herrlichkeit „die ganze Welt erfüllt" (Jesaja 6,3; Hfa). Denken wir an die Sonne, wie absolut wundervoll sie doch ist! Ihre Strahlen, ihre Schönheit, die Freude und das Leben, das sie schenkt! In ihr pulsiert die Herrlichkeit und Macht Gottes. Denken wir an die weiten Ozeane und Wälder dieser Welt, wie sie mit Leben erfüllt sind. Die ganze Welt ist mit Gottes Herrlichkeit erfüllt. Es ist die Leben spendende, Leben erhaltende, *schöpferische Kraft* Gottes.

Für unsere Zwecke hier genügt es, wenn wir bei der Herrlichkeit Gottes an die Sonne denken, an den Ozean, das in Wein verwandelte Wasser und an Christus, der von den Toten auferstand. Denken wir an Eden.

Doch nun kommt das eigentlich Atemberaubende: Wir sollen mit der Herrlichkeit Gottes erfüllt werden.

Halten wir uns noch einmal das Zelt der Begegnung und den Tempel vor Augen: Im Alten Testament erfüllte die Herrlichkeit des Herrn erst das Begegnungszelt und später dann den Tempel. Die sichtbare Gegenwart Gottes kam und blieb dort, sie erfüllte alles mit ihrem Strahlen, ihrer Schönheit und ihrer zum Leben erweckenden Kraft. Und wo ist der Tempel jetzt? Der Tempel sind wir. Das wird im Neuen Testament ganz deutlich. Darum schreibt Paulus:

> *Wir alle sehen mit unverhülltem Gesicht die Herrlichkeit des Herrn. Wir sehen sie wie in einem Spiegel, und indem wir das Ebenbild des Herrn anschauen, wird unser ganzes Wesen so umgestaltet, dass wir ihm immer ähnlicher werden und immer mehr Anteil an seiner Herrlichkeit bekommen. Diese Umgestaltung ist das Werk des Herrn; sie ist das Werk seines Geistes.*
>
> *2. Korinther 3,18*

Die Umgestaltung unseres Wesens und die Erneuerung unseres Menschseins findet genau jetzt in uns statt, *weil Gottes Herrlich-*

keit in uns wohnt! (Wie könnte dies sonst möglich sein?) Es heißt sogar, dass wir „immer mehr Anteil an seiner Herrlichkeit bekommen".

Hier sollten wir aufmerksam zuhören: Wir brauchen die Eden-Herrlichkeit Gottes – die erneuernde, Leben spendende, Leben erhaltende Herrlichkeit Gottes – gerade jetzt in hohem Maße. Wir brauchen in noch größerem Umfang die offenbarte Gegenwart Jesu in uns. Und wir *sollen* auch mit ihr erfüllt werden. Die Herrlichkeit Gottes soll unser Herz und unsere Seele erfüllen. Wir dürfen um dieses übernatürliche Geschenk bitten, also tun wir es doch!

Kraftquelle
Die Eden-Herrlichkeit Gottes empfangen

Lesen Sie sich das folgende Gebet zuerst durch und sprechen Sie es dann laut, bevor Sie das Buch weiterlesen!

> *Vater, Jesus, Heiliger Geist, ich möchte deine Herrlichkeit in mein Wesen aufnehmen. Ich empfange die Herrlichkeit, von der die Ozeane erfüllt sind, die Herrlichkeit, welche die Sonne erhält. Ich empfange die Herrlichkeit, durch die Christus von den Toten auferweckt wurde! Ich bete darum, dass deine Eden-Herrlichkeit mein Herz, meine Seele, meinen Verstand und meine Kraft erfüllt. Ich bin dein Tempel, Herr; komm und erfülle deinen Tempel mit deiner Herrlichkeit!*
>
> *Ich bitte dich, dass deine Eden-Herrlichkeit mich vor allen Formen der Verwüstung bewahrt, die über mein Leben kommen können. Ich widerrufe alle Vereinbarungen, die ich mit der Verwüstung getroffen habe, seien sie groß oder klein.*

Ich wähle dich, Gott. Ich verzichte auf die Abkehr von dir und entscheide mich für dich. Ganz egal, wie ich mich fühle, entscheide ich mich für dich, Herr. Du bist mein Gott und mein Retter.
Ich bete darum, dass deine Eden-Herrlichkeit mein Leben erfüllt – mich wiederherstellt, erneuert und mir überirdisches Durchhaltevermögen und Resilienz schenkt. Ich rufe deine Eden-Herrlichkeit als Schutzschild über meinem Leben aus, über meiner Familie und meinem Umfeld. Ich rufe deine Herrlichkeit, Liebe und dein Reich als beständige Kraft und beständigen Schutz aus.
Im Namen des Herrn Jesus Christus, des Herrschers über Himmel und Erde. Danke, Herr!

Dieses Gebet ist für mich so wichtig geworden, dass ich den ganzen Tag über immer wieder die Worte „Deine Herrlichkeit, deine Liebe und dein Reich“ ausspreche.

Menschen in lebensbedrohlichen Situationen werden von einer Urangst ergriffen, der Angst, nicht genug zu haben. Diese reicht bis in den innersten Kern menschlicher Bedürfnisse. Es kann dabei um Essen, Wasser, Kleidung oder etwas anderes gehen, je nachdem, was „genug haben" für die jeweilige Person bedeutet. Von dieser Panik wurde schon manch einer ergriffen, der ansonsten eher zu den stabilen Persönlichkeiten gehörte.

Als der B-24-Bomber mit Louis Zamperini an Bord während des Zweiten Weltkriegs im Pazifik abstürzte, überlebten nur drei der elf Besatzungsmitglieder. Sie konnten in zwei kleine Rettungsboote klettern. Jedes dieser Schlauchboote war mit ein paar wenigen Grundnahrungsmitteln als Notfallproviant ausgestattet, wozu auch eine Militärration an Schokolade gehörte – ein einziges Stückchen pro Mann am Morgen und am Abend. Doch bereits in der ersten Nacht, während zwei der Männer schliefen, wurde der dritte von der Urangst, nicht genug zu haben, überwältigt, und aß die gesamte Schokolade auf.

> *Louie wachte mit dem Sonnenaufgang auf. Mac lag neben ihm. Phil lag im anderen Boot, er war immer noch etwas benommen. Louie setzte sich auf und ließ seine Augen über den Himmel und das Meer schweifen in der Hoffnung, irgendwelche Hinweise auf Rettungsmannschaften zu finden. Doch nichts regte sich ringsum außer den Haien.*
>
> *Louie beschloss, das Frühstück zu verteilen, ein Stück Schokolade für jeden. Er knotete die Tasche an der Bootswand auf und schaute hinein. Die gesamte Schokolade war verschwunden. Er sah sich in den Booten um. Keine Schokolade, kein Einwickelpapier. Sein Blick richtete sich auf Mac. Mit großen, schuldbewussten Augen schaute der Sergeant zurück.*

Die Erkenntnis, dass Mac die gesamte Schokolade aufgegessen hatte, traf Louie hart. Louie, der Mac ja erst seit Kurzem kannte, hatte ihn für einen anständigen, freundlichen Kerl gehalten, wenn er auch einen etwas zu großen Hang zu Zechgelagen hatte und bis zur Leichtfertigkeit vertrauensselig war. Der Absturz hatte ihn auch psychisch völlig aus der Bahn geworfen.[26]

Kapitel 5

Überreich versorgt

Woran erkennt man denn einen treuen und klugen Diener? Angenommen, ein Herr hat einem seiner Diener die Verantwortung übertragen, der ganzen Dienerschaft zur gegebenen Zeit das Essen auszuteilen. Wenn nun sein Herr kommt und ihn bei der Arbeit findet – wie glücklich ist da der Diener zu preisen! Ich sage euch: Der Herr wird ihm die Verantwortung für seinen ganzen Besitz übertragen. Wenn jener Diener aber ein böser Mensch ist und sich sagt: „Mein Herr kommt noch lange nicht!" und anfängt, die anderen Diener zu schlagen, während er selbst mit Trunkenbolden schwelgt und prasst, dann wird sein Herr an einem Tag kommen, an dem er ihn nicht erwartet, und zu einem Zeitpunkt, an dem er es nicht vermutet.

Matthäus 24,45-50

Ein besonders lustiges und für die Pandemiezeit typisches Video der Marke Eigenbau stammte von einem Pastor, der seiner Gemeinde eine ernst gemeinte Botschaft vermitteln wollte. Das Video war eindeutig auf einem Smartphone von zu Hause aus gedreht worden – weil zu dem Zeitpunkt praktisch alle Leute auf ihre Wohnung beschränkt waren. Der Pastor sprach zu seinen Schäfchen über das Thema, wie wir unsere Furcht überwinden können: Keine Sorge, der Herr hat alles unter Kontrolle.

Im Hintergrund sah man ganze Kisten von Toilettenpapier, die er offenbar in seinem Wohnzimmer gelagert hatte.

Das offenbarte auf schmerzliche Weise etwas, das jeden von uns betrifft. Der Pastor war plötzlich ein Jedermann, er stand stellvertretend für uns alle, wie wir einander Resilienz vorgaukeln, während wir in Wirklichkeit vor allem damit beschäftigt sind sicherzustellen, dass wir genug haben.

Als der große Kampf ums Toilettenpapier begann, hielt ich das einfach für dumm. *Um Himmels willen, Leute, das ist doch nicht die Schlacht von Stalingrad. Kriegt euch mal wieder ein.* Dann sah ich die leeren Regale im Supermarkt und erkannte: Wenn ich mich nicht an dem Rennen beteiligte, würde am Ende ich derjenige sein, der Papiertüten und Bananenschalen benutzen musste. Das Hamstern damals und das Schwelgen von heute sind klassische Verhaltenssymptome von Menschen, die ein Trauma überlebt haben. Naturkatastrophen (wozu auch Pandemien gehören) wecken in uns die Urangst, nicht genug zu haben, also greifen wir zu, hamstern und horten.

Ich hätte im Jahr 2019 in Toilettenpapier, Desinfektionsmittel und Pappe investieren sollen.

Peinlicherweise muss ich zugeben, dass ich seit dem Herbst 2020 viele Dinge online gekauft habe. Fast täglich kamen bei uns Pakete an. Als die Pandemie im Frühling jenes Jahres das erste Mal zuschlug, befand ich mich im Mobilisierungsmodus. Stacy und ich setzten uns hin, konzentrierten uns auf unser Leben mit Gott und halfen anderen, dies auch zu tun. Doch mit der Zeit schrie meine Seele beständig nach Trost; sie wollte, dass alles wieder gut würde. Unbewusst versuchte ich dieses Bedürfnis dadurch zu befriedigen, dass ich alles Mögliche kaufte. *Millionen* Menschen taten dasselbe. Ich kaufte „Wohlfühlsachen", wozu bei mir Fliegenfischköder, Flanellhemden, Campingausrüstung, Schokolade, ein Fernglas und grüner Gourmet-Tee gehörten.

Ist uns klar, was wir tun, wenn wir auf diese Weise raffen? Die Furcht, die Mac nach dem Flugzeugabsturz überkam, schlummert in uns allen. Das erkannte ich bei mir selbst jedoch erst vor Kurzem.

Wirtschaftliche Erschütterungen, Todesfurcht, der Verlust des normalen Lebens, eine völlig unvorhersehbare Zukunft – solche katastrophalen Umbrüche führen uns zum Kern menschlicher Bedürfnisse und Ängste: *Werde ich versorgt sein? Werde ich genug haben? Ist alles in ausreichender Fülle für mich vorhanden?*

Wenn man in einer Zeit wie dieser lebt, wird jede noch so geringe Verwundbarkeit angesichts von Entbehrung und Verwüstung zu einer hochgradigen.

Das aber führt uns zu einem wahrhaft schönen Geschenk, das Gott uns geben will.

Was wir von unserer Mutter lernen können

Das Wort, das verwundeten oder sterbenden Soldaten auf dem Schlachtfeld am häufigsten über die Lippen kommt, lautet: „Mama … Mutter … Mutti!"

Wie kann es auch anders sein? Bis in unsere frühesten Erinnerungen hinein ist unsere Mutter (zumindest bei den meisten von uns) die Quelle von Trost, Geborgenheit, Fürsorge und Hilfe. Die Mutter bedeutet Barmherzigkeit. In der Entwicklung von Kindern kommt die Mutter zuerst, vor dem Vater.

Es beginnt schon im Mutterleib, wo wir alle Nahrung von ihr empfangen; wir sind in jeder Hinsicht von ihr abhängig. Ihre Emotionen während der Schwangerschaft – insbesondere ihre Einstellung zu uns und ihrem Schwangersein – prägen auch unsere Emotionen bis ins Erwachsenenalter. In den ersten Augenblicken nach der Geburt wurden wir auf ihren Bauch gelegt und das ist die erste Erfahrung unserer Bindung zu ihr. Sie legt uns an die Brust und wir empfangen von ihr alles, was wir für unser gutes Gedeihen brauchen. Der Psychologe Robert Karen schreibt:

> *Emotional gesunde junge Leute, die in der Lage waren, sich sowohl auf sich selbst als auch auf andere zu verlassen, hat-*

ten ein Zuhause gehabt, in dem beide Elternteile liebevoll und emotional großzügig waren. Die Mutter hatte ihnen das Gefühl vollkommener Geborgenheit vermittelt.[27]

Auf der körperlichen Ebene ist das, was die Zusammensetzung der Muttermilch für die Entwicklung des Kindes bewirkt, einfach phänomenal: Sie fördert die geistige Entwicklung und spielt auch eine entscheidende Rolle beim Aufbau des kindlichen Immunsystems; sie schützt das Baby vor einer Vielzahl an Infektionen und schweren Erkrankungen. Studien haben bewiesen, dass sie auch das Risiko des plötzlichen Kindstods reduziert. Man könnte noch viele weitere Vorteile aufzählen. Ich nenne nur ein paar davon, um zu zeigen, wie tief und umfassend unsere Mutter uns ernährt. Aus ihr strömt im wortwörtlichen Sinne das Leben.[28]

Im seelischen Bereich wird durch die Beziehung zu unserer Mutter vor allem in der frühen Kindheit das Fundament gelegt für unser Gefühl, genug zu bekommen, ernährt und mit Gutem versorgt zu sein – für all diese Bauchgefühle und Urüberzeugungen. Die emotionale Bindung beginnt mit dem Stillen.[29]

Die Gewissheit, ausreichend versorgt zu werden, ist etwas, das wir von unserer Mutter lernen – auch wenn der Begriff „lernen“ etwas zu verkopft klingt, so als würden wir lesen lernen. Die Gewissheit, mehr als genug zu haben – oder auch nicht –, *prägt sich tief in unsere Seele ein* und wird zu einer Grundüberzeugung.

Noch bevor wir sprechen lernen, bilden sich unsere tiefsten Überzeugungen hinsichtlich der Welt und unseres Platzes in ihr durch den Umgang mit unserer Mutter. Wir lernen die Urform der Liebe. Wir lernen die Urform der Ernährung. Wenn ein Kind gestillt wird, darf es trinken, bis es satt ist, und zugleich wird seine seelische Entwicklung gefördert: *Meine Bedürfnisse zählen, ich werde satt, ich werde zufriedengestellt, ich bekomme genug.*

Und noch etwas geschieht in diesen ersten Monaten und Jahren. Die Mutter vermittelt ihrem Kind, was ich „den Segen des Daseins" nenne. Wir werden gefeiert, weil wir hier sind. Unsere bloße Existenz erfreut die Welt und deshalb ist unser Dasein gesegnet durch Nahrung, Aufmerksamkeit, Freude und eine liebevolle Bindung. Mit diesem Segen überschüttet die Mutter ihr Kind, ohne dass jemand sie dazu auffordern muss. In seinem Buch *Deep Survival* schreibt Laurence Gonzales:

> *Psychologen haben beobachtet, dass eines der Grundbedürfnisse, die wir von Geburt an haben, darin besteht, von jemandem angeschaut zu werden. Mütter auf der ganzen Welt verbringen viel Zeit damit, ihren Babys in die Augen zu sehen, wobei sie den Kopf auf eine charakteristische Weise schräg halten. Gesehen zu werden bedeutet, real zu sein, und wenn niemand seinen Blick auf uns richtet, sind wir nichts. Zu den Schrecken des Sichverirrens in der Wildnis gehört der Gedanke, nie wieder gesehen zu werden.*[30]

Resilienz wird uns dadurch verliehen, dass wir zutiefst geliebt werden und die Erfahrung machen, dass unser Hunger in überwältigender Fülle gestillt wird. Ich denke, es ist von tiefer Bedeutung, dass das Baby sein Immunsystem zuerst von seiner Mutter empfängt.[31] Gott hat uns körperlich, emotional, seelisch und geistlich so geschaffen, dass wir unsere Resilienz durch die Bindung zu unserer Mutter empfangen.

So war es zumindest ursprünglich gedacht.

Wenn die Mutter fehlt

Dallas Willard war erst zweieinhalb Jahre alt, als seine Mutter starb. Es war das Jahr 1938. Kurz bevor Dallas geboren wurde, gingen seine Eltern im Zuge der Weltwirtschaftskrise bankrott und verloren ihr Geschäft.[32] Sie führten ein schweres Leben auf dem Land. Dallas' Mutter Maymie erlitt bei einem Sprung vom Heuwagen schwere Verletzungen. Die darauffolgende Operation misslang und Maymie erholte sich nie wieder davon.

Aus dem Krankenhaus schrieb sie ihren Kindern Gedichte – ein weiteres schönes Bild für die seelische Geborgenheit, die Mütter ihren Kindern geben –, doch sie sollte nie mehr nach Hause zurückkehren. Der Verlust der Mutter war für Dallas, der noch keine drei Jahre alt war, „unbegreiflich". Während der Beerdigung beziehungsweise während der Totenwache versuchte der kleine Junge in den Sarg seiner Mutter zu klettern.[33]

In all meinen Jahren als Therapeut habe ich keine ergreifendere Geschichte gehört.

Die Mutter zu verlieren, nie eine zu haben oder bei einer Mutter zu leben, die uns aus verschiedenen Gründen nicht die Geborgenheit schenken kann, die wir brauchen, ist einfach verheerend. Anders kann man es nicht ausdrücken, denn die Forschungslage hierzu ist eindeutig.

***Resilienz wird uns dadurch verliehen,
dass wir zutiefst geliebt werden
und die Erfahrung machen,
dass unser Hunger in überwältigender
Fülle gestillt wird.***

Der Psychologe Robert Karen hat eine weit beachtete Studie zum Thema Mutterbindung durchgeführt. Er berichtet mit erschütternder Genauigkeit, was frühe Forschungen zu den Folgen der Abwesenheit einer Mutter für ihr Kind ergeben haben. Die folgende Geschichte steht stellvertretend für Hunderte weitere:

> *Wir sind in einer nicht näher bezeichneten Institution. Auf einem flackernden Bildschirm sehen wir grobkörnige Aufnahmen von Jane, einem kleinen schwarzen Baby, kurz nachdem seine Mutter gezwungen war, es für mehrere Monate zu verlassen. Die Kleine ist fröhlich und zugänglich, sie lächelt und kichert, während eine erwachsene Beobachterin mit ihr spielt. Dann sehen wir Jane eine Woche später. Sie ist kaum wiederzuerkennen – deprimiert, ein suchender Blick, völlig teilnahmslos, wenn man von einem lauten, hoffnungslosen Weinen mit verzerrtem Gesicht absieht. [Die Mitarbeiterin der Klinik] kann das Kind nicht beruhigen. Es strampelt und weint und scheint furchtbar zu leiden. … [Diese Symptome] dauerten die ganzen drei Monate an, in denen die Mutter von ihrem Kind getrennt war. Wenn wir das kleine Mädchen betrachten, haben wir das Gefühl, Traurigkeit im größten Ausmaß zu erleben, eine Trauer, wie man sie sich tiefer nicht vorstellen kann.*[34]

Es ist die Art von Trauer, die einen kleinen Jungen dazu bringt, in den Sarg seiner Mutter klettern zu wollen.

Karen führt im Folgenden aus, dass die Entbehrung der Mutter auch auf weniger ausgeprägte Weise als durch das völlige Verlassen stattfinden kann, die Auswirkungen jedoch nicht weniger verheerend sind:

> *Natürlich ist die Mutterliebe für viele Babys sogar von frühester Kindheit an auf fundamentale Weise eingeschränkt. Es kann sein, dass die Mutter die meiste Zeit über kalt und abweisend ist; dass sie nicht fähig ist, die Bedürfnisse eines sehr fordernden oder temperamentvollen Kindes zu erfüllen; dass sie zu sehr*

mit sich selbst und ihren eigenen Gefühlen der Entbehrung beschäftigt ist, um sich voll in ihre Mutterrolle hineinzubegeben; es kann auch sein, dass sie verbittert und zornig ist und diese Wut immer wieder in Anfällen an die Oberfläche tritt.[35]

Mir ist klar, dass ich Sie hier auf ein sehr tiefgehendes, ja heiliges Territorium mitnehme. Wir werden mit dieser Thematik sehr behutsam umgehen, denn diese Form der Entbehrung ist etwas, das Jesus unbedingt heilen möchte.

Dieses Bedürfnis ist ein so ursprüngliches, die Rolle der Mutter so unantastbar, dass es oft schwerfällt, diese Art von Entbehrung in unserem eigenen Leben beim Namen zu nennen. Das gilt vor allem dann, wenn die Mutter eigentlich „ihr Bestes gegeben" hat. Es kann uns jedoch helfen, unser Bedürfnis auszusprechen, dieses Bedürfnis, das wir vor Gott bringen, wenn wir uns die folgenden Fragen stellen:

- Zeigen meine Reaktionen auf leidvolle Situationen als Erwachsener, dass ich – ohne jeden Zweifel – als Kind die Gewissheit vermittelt bekam, mehr als genug zu haben?
- Beweisen meine Handlungen und Emotionen, dass mir die völlige Gewissheit geschenkt wurde, dass meine Bedürfnisse zählen und gerne erfüllt werden?

Die Mutter eines Freundes von mir war eine kluge, intelligente, attraktive Frau mit sehr viel Energie. Als ihr Sohn klein war, studierte sie noch, später ging sie arbeiten, was bedeutete, dass sie oft nicht zu Hause war. Als Erwachsener musste er feststellen, dass seine Mutter selbst sehr bindungsscheu war. Sie verschenkte zwar Urlaube, Gourmetmahlzeiten und gute Bücher, jedoch nie *sich selbst.* Sie enthielt ihrem Sohn also die fundamentale Bindung und Nahrung vor, nach der er sich so sehr sehnte. Später schrieb er mir:

Vor ein paar Jahren machten meine Frau und ich Urlaub in Neuseeland. Draußen auf dem Land ist man von Schafweiden umgeben. Überall wimmelt es von Schafen. Es war Frühling, also Lammsaison. Ich beobachtete ein Mutterschaf mit seinem Lamm. Die beiden hatten sich zum Ausruhen hingelegt, doch dann stand die Mutter auf und beschloss, die Wiese zu überqueren und woanders zu grasen. Das kleine Lamm sprang sofort auf und wich ihr, als sie loslief, nicht von der Seite. Sie waren praktisch eins.

Ich beobachtete diese Szene, beobachtete meine eigene Seele, wie sie das alles in sich aufnahm, und erkannte: Ich habe absolut keinen Bezug dazu. Es ist, als ob ich in einen Ordner schaue und es befindet sich nichts darin.

Als ich das kleine Lamm sah, dachte ich: Was wäre, wenn seine Mutter ihm nichts geben würde? Wenn sie eines Tages komplett von der Wiese verschwinden würde? Genau das war ja mit meiner Mutter passiert. Sie fing wieder an zu arbeiten, als ich noch ganz klein war, und kam praktisch nicht mehr nach Hause. All die Jahre habe ich mich gefragt, warum ich mich mit meiner Mutter nicht besonders verbunden fühle. Und nun weiß ich – es ist deshalb so, weil sie sich nie mit mir verbunden fühlte.

Man könnte dies alles unter der Kategorie „Mutterverletzungen“ einordnen, aber ich denke, dass Mutter-*Verwüstung* eine viel angemessenere Bezeichnung wäre. Unsere Seele sollte von unserer Mutter auf eine sehr tiefe Weise genährt werden – körperlich und seelisch, und dies in reichem Überfluss. Wenn das nicht geschieht, erlebt die Seele eine Hungersnot der schlimmsten Art.

Was befindet sich in Ihrem „Ordner“ mit der Aufschrift Mutter, mütterliche Fürsorge oder Mutterliebe?

Vielleicht ist diese Frage für Sie zu schwierig. Dann könnten

Sie eher mit dieser Frage beginnen: Haben Sie die Gewissheit empfangen, mehr als genug zu bekommen?

Durch seine Forschungen entdeckte Robert Karen einen direkten Zusammenhang zwischen dem Fehlen der Mutter und jugendlicher Kriminalität. Kinder und Teenager, die wir als „verhaltensauffällig" bezeichnen würden und die eine zwanghafte Neigung zu Diebstählen besaßen, hatten eine Geschichte hinter sich, die durch das Fehlen der Mutter geprägt war:

> *Obwohl alle wiederholt und zwanghaft stahlen, waren ihre Diebstähle häufig nicht zielgerichtet; zwei der Jungen zerstörten alle Geschenke, die man ihnen gab. … Keiner schien sich über die Bedeutung dessen, was er getan hatte, im Klaren zu sein. Sie konnten nicht sagen, warum sie stahlen, und ihnen war nicht bewusst, was sie anderen damit antaten. Ein Kind, das von seiner Mutter getrennt worden ist, … sehnt sich nicht nur nach deren Liebe, sondern auch nach den Symbolen dieser Liebe. Und so entwendeten die jungen Diebe zum Beispiel Milch, Nahrungsmittel oder Geld, um Essen zu kaufen. Diese Dinge assoziierten sie ganz natürlich mit einer Belohnung. Oft bestahlen sie sogar ihre Mutter … ein auf tragische Weise perfekter symbolischer Akt.*[36]

Vielleicht ist auch das Horten von Toilettenpapier ein perfekter symbolischer Akt.

Selbst die besten Mütter versagen an bestimmten Punkten, denn wir alle sind unvollkommene Menschen in einer Welt, die Schiffbruch erlitten hat. Die unerfüllte Sehnsucht nach Geborgenheit, Liebe, Zuwendung und Nahrung setzt sich bis ins Erwachsenenalter fort. Was ich damit sagen möchte, ist, dass jede Art von Entbehrung hinsichtlich eines so grundlegenden Bedürfnisses uns für die Verwüstung anfällig macht.

Aber Gott hat hier vorgesorgt.

Die Erlösung als eine neue Bindung

Über Dallas Willard ist seit seinem Tod im Jahr 2013 viel geschrieben worden. Der Einfluss dieses großen Mannes wird sich noch ausweiten. Die folgende Geschichte fand ich jedoch sehr viel wichtiger als alles andere. Sie ist von besonderer Bedeutung, wenn man bedenkt, dass Willard als kleiner Junge in den Sarg seiner Mutter klettern wollte.

> *Dallas Willard saß mir gegenüber mit Tränen in den Augen, den Blick auf den Boden gerichtet. Er hatte nur noch wenige Wochen zu leben, doch er weinte nicht um sich selbst. „Was ich in diesem letzten Jahr gelernt habe", sagte er, „ist wichtiger als das, was ich in meinem ganzen bisherigen Leben gelernt habe. Aber ich habe keine Zeit mehr, es aufzuschreiben. Ich werde versuchen, noch die Projekte zu beenden, die ich begonnen habe." Er sah mich an. Ich fragte mich, ob er über unser Gespräch nachdachte oder über etwas anderes.*
>
> *„Du musst darüber schreiben", forderte er mich auf. Seine Stimme war ruhig, aber er sprach mit steigender Intensität: „Ich kenne keine Soteriologie [Lehre von der Erlösung], die darauf beruht, dass wir eine neue Bindung zu Gott entwickeln." …*
>
> *Die einzige Art von Liebe, die unserem Verstand dabei hilft, einen besseren Charakter zu erlernen, ist die Bindungsliebe. Die Gehirnfunktionen, die unseren Charakter bestimmen, werden am tiefsten durch die Person geprägt, die wir lieben. Den Charakter zu verändern bedeutet, zumindest was unseren Verstand betrifft, sich neu und besser an jemanden zu binden. Diese Erkenntnis rührte Dallas zu Tränen. Wenn die Qualität unserer menschlichen Bindungen den menschlichen Charakter entstehen lässt, ist es dann vielleicht möglich, dass Gott „Bindung" meint, wenn er von Liebe spricht?*[37]

Das Ende von Dallas' Geschichte ist einfach schön. Der kleine Junge, der seine Mutter schon verlor, bevor er drei war, der Mann, der zu einer der brillantesten Stimmen der Christenheit im 20. Jahrhundert wurde, lernte am Ende seines Lebens seine wichtigste Lektion – dass die Erlösung eine neue *Bindung* ist, das liebevolle Band, das unsere Seele mit unserem liebevollen Gott verbindet.

Wir haben alle schon viel über unseren Vater im Himmel gehört, aber in der menschlichen Entwicklung kommt die Mutter vor dem Vater und es eröffnet sich uns eine neue Welt, wenn wir entdecken, dass Gott für uns auch eine Mutter sein will – dass er unsere Seele hier, an diesem so wichtigen Punkt, heilen möchte. Gott sehnt sich danach, uns seine überreiche Fürsorge zu versichern: „Kann eine Mutter ihren Säugling vergessen? Bringt sie es übers Herz, das Neugeborene seinem Schicksal zu überlassen? Und selbst wenn sie es vergessen würde – ich vergesse dich niemals!" (Jesaja 49,15; Hfa).

Gott liebt uns zärtlicher und unwiderruflicher als selbst die beste Mutter. Wenn dies für Sie ein unbekanntes Terrain ist, dann denken Sie daran: Gott hat das Muttersein, die mütterliche Fürsorge, die Mutterliebe und auch das Bedürfnis nach der Mutter in jeder menschlichen Seele geschaffen. Gott ist die Quelle allen Mutterseins.

Damit die Seele wahrhaft gerettet wird und wir nach Hause kommen können, braucht sie die liebevolle Bindung, welche uns durch die Liebe unserer Mutter das erste Mal vermittelt wurde. So wie wir, ausgehend von unserem irdischen Vater, bei unserem wahren Vater nach Hause kommen, sollen wir auch zur Mutterliebe Gottes nach Hause kommen, egal was wir von unseren irdischen Müttern gelernt haben.

Gott liebt uns zärtlicher
und unwiderruflicher
als selbst die beste Mutter.

Das Buch Jesaja gipfelt am Ende in die Verheißung des kommenden Reiches Gottes und der Wiederkunft unseres Herrn. Die Hoffnung, die hier beschrieben wird, ist ganz besonders schön; sie berührt unsere Sehnsucht, den Garten Eden wiederzufinden. Schauen wir uns einmal an, wie das Bild der Mutterliebe diese letzten Verse der Bibel erfüllt:

> *Sie [die Zionsstadt] wird euch teilgeben an der Fülle ihrer Herrlichkeit; ihr werdet an ihrer Mutterbrust saugen und mit Glück gesättigt werden.* *Jesaja 66,11; GNB*

Das ist die Ur-Gewissheit einer reichen Fülle! Es ist alles da – die Bindung, ähnlich wie beim Gestilltwerden, der Trost, den wir so dringend brauchen, das Trinken aus tiefen, unerschöpflichen Quellen, das Heilwerden unserer Seele durch die Gewissheit der reichen Fülle. Gott verspricht, dies für unsere Seele zu tun, ganz egal wie unsere eigene Geschichte mit unserer Mutter aussieht.

Ich liebe die Zärtlichkeit, die aus den folgenden Versen spricht:

> *Ihr werdet an ihren Brüsten saugen, ihr werdet euch fühlen wie Kinder, die auf dem Arm getragen und auf den Knien gewiegt werden. Ich werde euch trösten, wie eine Mutter tröstet. … Wenn ihr das erlebt, werdet ihr voll Freude sein; neuer*

Lebensmut wird in euch erwachen, so wie im Frühling das frische Grün sprosst. *Jesaja 66,12-14; GNB*

„Auf den Knien gewiegt werden" ist eine Verheißung, die tief berührt. So wie die allerbeste Mutter ihr Kind streichelt und liebkost, es auf ihrem Schoß auf und ab hüpfen lässt, in einer tiefen Bindung und doch völlig befreit zum Spiel. Das gilt auch uns! Gott wiederholt hier noch einmal die Verheißung seines mütterlichen Trostes, die in die Zusage einer reichen Fülle mündet – sodass unser Lebensmut erwacht, „wie im Frühling das frische Grün sprosst"!

Hier sollten wir genau zuhören. Denn wir müssen nicht alles verstanden und auch nicht die ganze Beziehung zu unserer Mutter aufgearbeitet haben, um *all das* zu empfangen, was Gott uns hier schenken will. Unsere Vergangenheit kann geheilt werden, während wir diese neue mütterliche Fürsorge erleben. Also sollten wir keinen Augenblick länger warten, sondern diese Chance ergreifen!

Eine Beziehung zu Gott aufbauen

Die gute Nachricht, die durch all die Forschungen über Bindungen zutage kam, ist, dass Menschen, die einen Mangel an Bindung erlebt haben, geheilt werden können. Erwachsene können in ihrem Leben tatsächlich wieder tiefe Beziehungen aufbauen.[38]

Das gilt vor allem dann, wenn Gott ins Spiel kommt:

Gott wird im Alten Testament über zweihundertmal als chesed bezeichnet, eine Eigenschaft, die er sich auch von uns wünscht: „Wenn jemand mir treu ist, so ist mir das lieber als ein Schlachtopfer" (Hosea 6,6; Hfa). Das hebräische Wort chesed kann mit „hingebungsvoller", „treuer" und „unveränder-

licher Liebe" übersetzt werden. Kann es sein, dass Gott hier von einer engen Liebesbeziehung spricht, die uns für immer erhalten bleibt?[39]

Diese Frage können wir mit einem deutlichen *Ja* beantworten!

Der Eine, der sich etwas so Schönes wie Mutterliebe, mütterliche Fürsorge und das Mutterbedürfnis ausgedacht hat, verspricht uns: „Kann eine Mutter ihren Säugling vergessen? Bringt sie es übers Herz, das Neugeborene seinem Schicksal zu überlassen? Und selbst wenn sie es vergessen würde – ich vergesse dich niemals!" Und: „Selbst wenn Vater und Mutter mich verließen, der HERR nimmt mich dennoch auf" (Jesaja 49,15 Hfa; Psalm 27,10).

Unser Bedürfnis nach einer engen Bindung, nach Mutterliebe und der Gewissheit einer reichen Fülle eröffnet uns ganz neue Ebenen, Freude zu erleben, selbst im Blick auf Bibeltexte, die uns seit Jahren vertraut sind: „Ich bin der Weinstock, und ihr seid die Reben. Wenn jemand in mir bleibt und ich in ihm bleibe, trägt er reiche Frucht; ohne mich könnt ihr nichts tun" (Johannes 15,5).

Wir sind die „Reben". Reben haben keine unendliche Quelle der Resilienz in sich selbst. Sie müssen sich all ihr Leben und ihre Ressourcen von woanders holen – sie müssen Nahrung *empfangen* wie ein Kind an der Mutterbrust. Gott ist der Brunnen des Lebens. Der einzige Brunnen des Lebens. Sein herrliches Leben soll jeden Tag durch uns hindurchfließen – uns heilen, uns mit Kreativität, Mut, Freude, Verspieltheit und Resilienz erfüllen. Dies geschieht durch die enge Bindung zu Gott, durch eine verbindliche Liebe und die Gemeinschaft unserer Seele mit ihm.

Das Ziel des christlichen Glaubens ist viel mehr als die Teilnahme an Gottesdiensten oder das Für-wahr-Halten bestimmter Lehren. Die Bestimmung der menschlichen Seele ist die *Einheit mit Gott.*[40] Wie der schottische Puritaner Henry Scougal schrieb:

Christen „wissen aus Erfahrung, dass die wahre Religion eine Vereinigung der Seele mit Gott ist, ein echtes Teilhaben an der göttlichen Natur“[41].

Vielleicht eröffnet uns die gegenwärtige traumatische Situation ein verblüffend neues Verständnis, eine neue Hoffnung – dass die liebevolle Gemeinschaft mit Gott eine tiefe *Bindung* an ihn bedeutet, und zwar genau dort, wo sich in uns das Mutterbedürfnis befindet.

> *In unseren Gesprächen über die Bindung zu Gott war Dallas mir in seinen Gedanken weit voraus. Er fragte sich: „Ist die Erlösung selbst eine neue und aktive Bindung an Gott, die unsere Identität formt und verändert?“ Im menschlichen Denken werden Identität und Charakter durch die Personen geprägt, die wir lieben. Bindungen besitzen große Kraft und währen lange. Unser Denken können wir sehr viel leichter ändern. Die Erlösung durch eine neue, liebevolle Bindung an Gott, die unsere Identität verändert, wäre ein stark beziehungsorientiertes Verständnis unserer Erlösung. Wir würden durch eine solche Bindungsliebe sowohl gerettet als auch verändert, von Gott, zu ihm hin und mit ihm.*[42]

Was also sollen wir tun?

Wir binden uns an Gott. Wir bitten ihn um seine mütterliche Fürsorge. Wir begeben uns an den Ort in unserer Seele, wo unser Mutterbedürfnis liegt; wir gehen dorthin, wo wir die Gewissheit einer reichen Fülle finden; wir gehen zu unseren Urängsten *und wir öffnen unser Herz für Gott.* Dies ist so wichtig in Zeiten der Krise, des Leids und der Entbehrung.

Kraftquelle
Die intensive Bindung und die Gewissheit der reichen Fülle empfangen

Schöpfer meiner Seele, Schöpfer aller Mutterliebe und des Mutterbedürfnisses, ich brauche dich hier.

Ich brauche deine Mutterliebe. Ich brauche die Gewissheit der reichen Fülle. Ich brauche die Freude über mein Dasein. Ich brauche die tiefe, an dich gebundene, liebevolle Beziehung zu dir. Ich brauche diese intensive Bindung hier, an dem Ort meiner Seele, den du dazu geschaffen hast.

Komm, heilender Gott, und heile mich hier an dem Ort meiner Mutter. Ich breite meine Geschichte der mütterlichen Fürsorge vor dir aus, Gott. Ich lade dich dorthin ein, wo sich mein Bedürfnis nach der ursprünglichen Liebe befindet, nach der ursprünglichen Nahrung. Schenke mir diese Nahrung hier, so wie du es versprochen hast.

Schöpfer meiner Seele, Schöpfer aller Mutterliebe und des Mutterbedürfnisses, ich lade dich dorthin ein, wo sich mein Bedürfnis nach der Urverbindung befindet. Ich lade dich dorthin ein, wo ich mich nach dem ursprünglichen Segen für mein Dasein, meine Existenz sehne.

Vergib mir, dass ich dieses Bedürfnis an andere Orte getragen habe. Ich überlasse all dies dir, Gott; ich öffne mich dir jetzt. Ich vergebe meiner Mutter. Ja, ich vergebe ihr, ich lasse sie los und lade deine Mutterliebe und die mütterliche Nahrung, die du schenkst, deinen Trost und deine Ermutigung an diesen Ort meiner Seele ein.

Erfülle mich mit der Bindungsliebe; schenke mir die Gewissheit der reichen Fülle. Komm in meine Urängste, die mir einreden wollen, es gäbe nicht genug für mich. Schenke mir die Gewissheit der reichen Fülle. In Jesu Namen, amen.

Das Jahr 1996 war ein besonders tödliches während der Bergsteigersaison auf dem Mount Everest. Schwere Stürme ließen viele Kletterer in der sogenannten „Todeszone" hoch oben auf dem Berg stranden. Drei indische Bergsteiger, die versuchten, den Gipfel vom Nordostgrat aus zu erreichen, wurden in einem verheerenden Schneesturm eingeschlossen. Da ein Abstieg nicht mehr möglich war, verbrachten sie die Nacht am Berghang, ohne irgendeinen Schutz, im heulenden Sturm.

Am nächsten Morgen kamen zwei japanische Bergsteiger, die auf derselben Route aufgestiegen waren. Die indischen Kletterer waren dem Tod nah. Aber die Japaner boten ihnen keinerlei Hilfe an – weder Essen noch Wasser noch Sauerstoff. Sie redeten nicht einmal mit ihnen, sondern gingen einfach vorüber und machten ein paar Hundert Meter entfernt Rast. Nachdem sie es bis zum Gipfel geschafft hatten, zogen sie auch bei ihrem Abstieg an den Indern vorbei und überließen sie ihrem Schicksal.[43]

Kapitel 6

„Unbekehrte Orte"

Petrus saß noch draußen im Hof, als eine Dienerin auf ihn zutrat und sagte: „Du warst doch auch mit diesem Jesus aus Galiläa zusammen!" Aber Petrus stritt es vor allen Leuten ab. „Ich weiß nicht, wovon du redest", sagte er. Als er danach zum Eingangstor ging, sah ihn eine andere Dienerin und sagte zu denen, die dort standen: „Der war auch mit diesem Jesus von Nazaret zusammen." Wieder stritt Petrus es ab, diesmal sogar mit einem Schwur: „Ich kenne den Menschen nicht!" Doch es dauerte nicht lange, da traten die Umstehenden auf ihn zu und sagten: „Natürlich bist du auch einer von ihnen; deine Sprache verrät dich." Petrus begann, Verwünschungen auszustoßen, und schwor: „Ich kenne den Menschen nicht!" In diesem Augenblick krähte ein Hahn.
Matthäus 26,69-74

Situationen, in denen es ums Überleben geht, bringen das Beste und das Schlimmste in uns Menschen hervor. Wer wir sind, was wir lieben und inwiefern wir bereit sind, Gott zu vertrauen, das alles kommt ans Tageslicht, wenn wir stark unter Druck geraten.

So war es auch bei Petrus, als der Hahn krähte. Aber es gibt noch eine weitere bezeichnende Geschichte – vor allem im Blick auf die Furcht, nicht genug zu haben – aus dem Leben der noch jungen Kirche. Damals ging es durchaus turbulent zu. Es gab eine große Erweckung, aber auch Verfolgung. Eheleute namens Hananias und Saphira verkauften Grundbesitz. Einen Teil des Erlöses behielten sie für sich, aber sie *taten so,* als hätten sie alles den Armen gegeben. Sie wollten opferbereit wirken, während sie in Wirklichkeit egoistisch waren. Das Problem ist hier also die Doppelbödigkeit. Vielleicht hat die Furcht, nicht genug zu haben, sie dazu gebracht zu horten. Sie belügen die Apostel und behaupten, dies nicht getan zu haben. Leider ging die Sache für die beiden nicht so gut aus …

Druck bringt all solche unschönen Dinge an die Oberfläche.

Militärische Ausbildungen sind darauf ausgerichtet, genau das zu bewirken – alles Vortäuschen auszuräumen und das ans Licht zu bringen, was wirklich in uns steckt, um zu erkennen, wie wir beschaffen sind. Alle Survival-Camps haben ein ähnliches Ziel, auch wenn ihre Herangehensweise nicht ganz so hart ist. Die Teilnehmer werden einfach irgendwo fernab der Zivilisation, fernab jeder Wohlfühlkultur ausgesetzt und an ihre Grenzen herangeführt – oder sogar darüber hinaus –, um zu sehen, was dabei herauskommt.

Meistens sind das Dinge, die wir anderen nicht unbedingt zeigen möchten.*

Ich schaue mir gern Reality-Shows im Fernsehen an, in denen es um das Überleben in der Wildnis geht. Nicht nur, weil ich die Wildnis liebe, sondern weil ich als Therapeut auch gern Einblick in das unverblümte Innenleben von Menschen nehme, die unter Druck stehen. Jeder kann eine tapfere Maske aufsetzen; mich aber interessiert, was darunter verborgen ist. Wenn Sie selbst auch schon solche Sendungen gesehen haben, dann wissen Sie, dass der größte Kampf nicht der gegen Hunger und Kälte ist, sondern gegen die eigenen Ängste, Schwächen, inneren Antreiber und Feinde.

Ich spreche dieses Thema an, weil wir ja das „Immunsystem“

---

* Die Ehe und das Elternsein bewirken bekanntermaßen Ähnliches, aber dies alles findet über einen Zeitraum von Jahren, nicht Wochen, statt und es geschieht weniger öffentlich, also wird man nicht sofort bloßgestellt. Dennoch kommt auch hier zutage, wer wir wirklich sind. Wie wir auf diese Herausforderungen reagieren, ist eine unserer wichtigsten Prüfungen.

unserer Seele für harte Zeiten stärken wollen. Und in uns gibt es Nester des Widerstands, die unser Untergang werden können, wenn wir sie nicht zu Christus bringen.

Die Geborgenheit des Heiligen

Gott selbst, der Gott des Friedens, helfe euch, ein durch und durch geheiligtes Leben zu führen. Er bewahre euer ganzes Wesen – Geist, Seele und Leib –, damit, wenn Jesus Christus, unser Herr, wiederkommt, nichts an euch ist, was Tadel verdient. *1. Thessalonicher 5,23*

Diesen Vers liebe ich ganz besonders. Dadurch habe ich die Hoffnung, dass mein ganzes Wesen durch den Geist Gottes gereinigt wird.

Ich habe allerdings gemerkt, dass *Heiligkeit* ein Wort ist, das für viele Menschen eine Menge Ballast mit sich bringt. Aber wir können all dies hinter uns lassen, wenn wir uns das wunderbare Leben und den Charakter von Jesus anschauen – er war einfach durch und durch gut. Sein ganzes Wesen ist so ansprechend und gewinnend, und wann immer wir ihn im Kontakt mit Menschen sehen, können wir wahre Heiligkeit in Aktion beobachten.

Frauen, die jahrelangen Missbrauch erfahren hatten, kamen zu Jesus, warfen sich vor ihm nieder und er ging absolut liebevoll mit ihnen um. Manchmal mochten ihn die Menschenmengen, bei anderen Gelegenheiten forderten sie seinen Kopf. Aber er ließ sich nicht davon beeindrucken. Die Güte Jesu, wie sie uns in den Evangelien geschildert wird, ist einfach faszinierend.

Als die Zeit kam, in der er selbst auf eine schwere Probe gestellt wurde, war diese Güte sein Schutzschild. Kurz bevor die Geheimpolizei kam, um ihn zu verhaften, bevor sich all die düsteren Szenen abspielten, sagte Jesus zu seinen Jüngern: „Viel werde ich nicht mehr mit euch reden können, denn der Herrscher dieser Welt hat sich bereits gegen mich aufgemacht. Er findet zwar nichts an mir, was ihm Macht über mich geben könnte, …" (Johannes 14,30).

Der Feind setzte alle Hebel in Bewegung, um Jesus zu Fall zu bringen – Verführung, Ablehnung, Bedrohung, die Furcht, nicht genug zu haben, ja sogar Folter. Nichts davon funktionierte, weil der Satan nichts „an" Jesus fand, wo er ansetzen konnte. Stellen wir uns nur vor, welche Befreiung dies für uns bedeuten kann.

Vielleicht kommt es Ihnen so vor, als würden Ihre Kräfte nicht reichen, um auch nur einen Bruchteil dieser Güte zu erlangen; aber die Verheißung des christlichen Glaubens ist ja gerade, dass Gott diese Güte Jesu in uns hervorbringt: „Meine Kinder, es ist, als müsste ich euch ein zweites Mal zur Welt bringen. Ich erleide noch einmal Geburtswehen, bis Christus in eurem Leben Gestalt annimmt" (Galater 4,19).

Das Ziel des Wirkens Gottes in uns besteht darin, dass Jesus überall in uns Wohnung nimmt. Nichts wird ausgelassen, keine kleinen Nester des Widerstands übrig gelassen. (Haben Sie bemerkt, wie der Heilige Geist durch Paulus die Gläubigen mit mütterlicher Fürsorge umgibt, damit sie dieses Ziel erreichen? Er liegt ihretwegen in den „Geburtswehen"!)

Auch in unseren schweren Zeiten der Prüfung möchten wir „ein durch und durch geheiligtes Leben führen", soll unser „ganzes Wesen, Leib, Seele und Geist" bewahrt werden, damit „nichts an uns ist, was Tadel verdient" (1. Thessalonicher 5,23). Doch tatsächlich ist es so, dass ein großer Teil unserer Prüfungen und auch unserer Abkehr von Gott fast unbemerkt in unseren Herzen stattfindet. Es sind die kleinen Hinwendungen zu anderen Dingen, die uns trösten sollen, das stille Gefühl, enttäuscht von Gott zu sein, die frühen Stadien der Verwüstung – hier spielen sich die meisten Prüfungen ab. Und doch haben sie das Potenzial einer Lawine.

C. S. Lewis hatte einen Privatsekretär namens Walter Hooper. Dieser beschrieb den Oxford-Professor und Schöpfer von Narnia als „den am gründlichsten bekehrten Menschen, den ich je getroffen habe“[44]. Wie wunderbar, wenn man so etwas über jemanden sagen kann. Lewis war ein Mensch, dessen ganzes Wesen – Herz, Seele, Verstand und Kraft – fast vollständig von Jesus Christus bewohnt war. Sein zersplittertes Selbst war beinahe ganz in Jesus integriert. (Ich sage bewusst „beinahe“, weil niemand von uns vollständig heil ist, bis Christus wiederkommt. Aber immerhin – *beinahe* ist schon fantastisch.) Und genau aus diesem Grund fühlten sich auch viele Menschen in der Gegenwart von Dallas Willard sehr wohl.

Bei diesem Gedanken möchte ich einen Augenblick verweilen, denn gläubigen Christen ist dies zwar bekannt, aber die Komfortkultur hat in uns andere Ziele festgesteckt. Stimmt Ihr Herz mit diesem Gedanken überein – dass das Ziel Ihres Lebens darin besteht, die am gründlichsten bekehrte Person zu werden, die Ihre Familie und Ihre Freunde je getroffen haben? Oder will Ihr Herz lieber andere Ziele verfolgen? Vielleicht: „Ich möchte einfach nur, dass alles wieder gut wird. Soll doch jemand anderes die Endzeit durchleben müssen“? Das kenne ich bei mir selbst nur allzu gut.

Den Kampf um das menschliche Herz könnte man so beschreiben: Der Satan benutzt jede Form der Verführung und Drohung, um unser Herz gefangen zu nehmen, während Jesus, der uns liebt, alles tut, um ein ungeteiltes Herz in uns hervorzubringen. Das wirkt sich meist auf Tausende kleiner alltäglicher Entscheidungen aus. Und das ist auch gut so. Denn wir wollen das ungeteilte Herz ja schon entwickeln, *bevor* die großen Prüfungen kommen.

Den Kampf um das menschliche Herz könnte man so beschreiben: Der Satan benutzt jede Form der Verführung und Drohung, um unser Herz gefangen zu nehmen, während Jesus, der uns liebt, alles tut, um ein ungeteiltes Herz in uns hervorzubringen.

Der einstige amerikanische Präsident Theodore Roosevelt hatte schon vieles erlebt, was ihn auf sein letztes großes Abenteuer und die damit verbundenen Herausforderungen vorbereitete: mit primitiven Kanus einen bis dahin unerforschten Abschnitt des Amazonas hinabzufahren. Das brauchte Vorbereitung, denn diese Reise sollte ihn beinahe das Leben kosten. Und Roosevelt war jemand, der achtzehn Stunden lang ohne Wasser die Badlands von Dakota auf dem Pferderücken durchquerte, weil die Quelle, an der er und seine Reisegefährten hatten Wasser holen wollen, ausgetrocknet war.

Es gibt noch eine andere Geschichte von ihm, die ich sehr gerne mag. Dort berichtet er über einen Jagdausflug. Der Pferdewagen, mit dem Roosevelt und sein Guide unterwegs waren, steckte immer wieder im Schlamm fest, als sie versuchten, in die Berge zu gelangen.

Schon beim zweiten Schritt versanken die Pferde bis an den Bauch im Morast und blieben darin stecken. Es war bitterkalt; ein scharfer Wind wehte, und die Schlammpfützen waren mit einer dünnen Eisschicht bedeckt, sodass es zwei sehr böse Stunden waren, die wir zum Befreien der Pferde und zum Leeren des Wagens brauchten. … Mein Gefährte bewahrte dabei vollkommen seine Ruhe und pfiff immerfort den „Arkansas-Reisenden". Einmal, als wir bis zum Gürtel in dem eisigen Schmutz standen, fing es an zu graupeln und zu hageln, und ich murmelte: „Es wäre mir lieber, wenn es nicht so stürmisch wäre", worauf er einen Augenblick mit dem Pfeifen innehielt, um lakonisch zu erwidern: „Bei diesem Ausflug gibt es kein ‚lieber'."[45]

Vieles von dem, was hier beschrieben wurde, bereitet einen auf so ziemlich alles vor.

Vielleicht hilft Ihnen das, die Geschichte Ihres eigenen Lebens neu zu interpretieren. Vielleicht sollten all die Schwierigkeiten, die Sie bisher meistern mussten, Ihnen helfen, eine gewisse Resilienz zu entwickeln!

Liebe siegt über den Hass

Wenn Jesus über die Prüfungen der Endzeit spricht, warnt er uns mehrmals vor dem Hass und davor, dass ein Festhalten an der Liebe schwierig werden kann: „Viele werden vom Glauben abfallen; sie werden einander verraten, sie werden einander hassen. … Und weil die Gesetzlosigkeit überhand nehmen wird, wird bei den meisten die Liebe erkalten" (Matthäus 24,10.12).

Wenn das keine Beschreibung unserer Zeit ist, dann weiß ich nicht, was es sonst sein soll. Man kann heutzutage keine einzige Zeile online schreiben, ohne giftige Kommentare zu ernten. Die Menschheit ist empfindlich geworden und mit Wut aufgeladen (hier sieht man wieder die Folgen der Traumatisierung). Der Hass ruiniert jeden öffentlichen Diskurs. Ich kenne viele einst harmonische Gemeinden, die sich über der Frage, ob man Präsenzgottesdienste halten, ob man Masken tragen und ob man sich impfen lassen soll, komplett zerstritten haben. Die Zahl der Gottesdienstbesucher hat sich im Vergleich zur Zeit vor der Corona-Pandemie vielerorts mehr als halbiert und viele Gemeinden können sich nur noch knapp über Wasser halten. Die Liebe ist erkaltet.

Infolge der globalen Traumatisierung, die im Jahr 2020 stattfand und sich auf unterschiedliche Weise weiter fortsetzt, konnte ich in meiner Umgebung ein verändertes Fahrverhalten beobachten. Es entwickelten sich zwei verschiedene Typen von Autofahrern. Zum einen die ängstlichen, die an einer Kreuzung ewig anhielten, bevor sie weiterfuhren. Selbst wenn sie Vorfahrt hatten, zögerten sie und fuhren nur ganz vorsichtig wieder an, als stünde ihnen ein schrecklicher Unfall bevor. Die Angst, die mit der Furcht vor der Krankheit begonnen hatte, weitete sich als niedrigschwellige Besorgnis auf alle Bereiche des Lebens aus.

Und dann waren da noch die Zornigen, die Typen, die dicht hinter mir auffuhren (weil sie ungefähr zwanzig Stundenkilometer schneller fuhren als vorgeschrieben) und beinahe meine Stoßstange berührten, so als wollten sie durch mich hindurchfahren, bis sie endlich die Chance zum Überholen hatten. Sowohl Furcht als auch Wut sind Traumareaktionen und von beidem gibt es im Moment ziemlich viel.

Ich gehöre auch dazu, obwohl meine Wut hinter dem Steuer eher von selbstgerechter Natur ist. Ich hasse es, wenn die zornigen Fahrer gefährlich nahe kommen und dann an einer Stelle überholen, wo man es besser lassen sollte. Wenn ich derjenige bin, dem sie auf die Pelle rücken, dann bremse ich erst recht und zwinge sie, langsamer zu fahren als vorgeschrieben. Aber der Hass in meinem Herzen ist derselbe.

Ja, wir stehen alle unter großem Druck und geben dabei nicht gerade ein leuchtendes Vorbild ab.

Es sind unsere inneren Schwächen, unsere Zerbrochenheit und offen gesagt die „unbekehrten Orte“ unserer Seele, die uns irgendwann den Boden unter den Füßen wegziehen werden. Wie bereits beim Thema der fehlenden Mutter angesprochen: Wenn wir verwundbar sind und dadurch zu Desillusionierung, dem Gefühl der Verlassenheit und anderen verzweifelten Emotionen neigen, ist das der Punkt, an dem die Verwüstung ansetzen wird. Also sollten wir die schöne, tiefe Bindung zu Gott weiterverfolgen und mit ihr die Gewissheit einer reichen Fülle, um uns gegen die Verwüstung zu wappnen.

Das will Gott für unser ganzes Wesen tun. Wir werden keine Geborgenheit verspüren, solange wir nicht ganz und gar ihm gehören.

Mein Eindruck ist: Wir haben nicht mehr die Wahl, ob wir zu einer persönlichen Reife gelangen wollen oder nicht; ein ungeteiltes Herz ist nicht etwas, worauf wir verzichten können. Unsere Verwundbarkeit erweist sich in dieser Welt als verhängnisvoll, so wie eine morsche Brücke oder ein Bogen, der nicht richtig gespannt ist.

Wie wir mit unserer Verwundbarkeit umgehen sollen

„Ich weiß nicht, wie ich das überstehen sollte.“ Diesen Satz habe ich von Dutzenden Leuten gehört, wenn wir darüber sprachen, dass wir möglicherweise gerade die Endzeit erleben.

Wir erinnern uns: Es gibt keine Zombie-Apokalypse. Wir haben bereits herausfordernde Zeiten erlebt. Wir wissen schon ein wenig Bescheid, was es bedeutet, unter Druck zu stehen; was aber die meisten Leute *nicht* wissen, ist, wie sie damit umgehen sollen, was an die Oberfläche gekommen ist.

Ein Mann, den ich vor Jahren beraten hatte, ein christlicher Leiter, der ein sehr integrer Mensch ist, schrieb mir kürzlich:

„Ich verstehe nicht, was hier geschieht. Bis heute habe ich nie die Möglichkeit einer außerehelichen Affäre in Betracht gezogen. Doch in den letzten sechs Monaten erlebe ich, wie ich gegen diese Versuchung ankämpfen muss, und ich fürchte, dass ich den Kampf verlieren werde. Noch habe ich nicht aufgegeben, aber ich verstehe einfach nicht, was da in mir vorgeht."

Die Sehnsucht, dass alles wieder gut wird, macht uns empfänglich für alle Arten von faulen Kompromissen. Das lässt sich erklären.

Zunächst sollten wir einmal den Schock und die Scham beiseiteschieben, die entstehen, wenn unser stark unter Druck stehendes Ich plötzlich in Wut ausbricht, sich Exzessen hingibt, fremdgeht oder sich ganz einfach nur als eine ziemlich abstoßende Version unserer selbst entpuppt.

Unsere Erlösung ist ein *Prozess,* kein einmaliges Ereignis.

Ja, natürlich ist die Erlösung eine Art *Nach-Hause-Kommen.* Das ist das Ereignis. Unsere Erlösung beginnt, wenn wir Jesus das erste Mal unser Herz öffnen. Wir bitten ihn um Gnade. Wir bitten ihn, uns zu vergeben, dass wir ihn die meiste Zeit unseres Lebens ignoriert haben. Wir laden ihn als den Retter in unser Leben ein. Wir ergeben uns ihm; wir überlassen ihm den Thron unseres Lebens. Das ist unser Nach-Hause-Kommen und unser Vater im Himmel ist darüber so begeistert, dass er für uns eine Party schmeißt. (Tatsächlich haben die Engel ein Fest gefeiert, als Sie nach Hause kamen – siehe Lukas 15).

Unser Nach-Hause-Kommen ist ein Ereignis, welches unser ganzes Leben verändert.

Was uns aber überrascht und uns auch regelrecht entmutigen kann, ist die Tatsache, dass es unser Leben nicht *sofort* verändert. Nämlich nicht durch und durch. Das liegt daran, dass unsere Erlösung die Neuschöpfung unseres gefallenen Menschseins ist, eine Wiederherstellung unseres Lebens durch die Einheit mit Christus. Und das geschieht allmählich.

Unsere Erlösung ist ein Prozess, kein einmaliges Ereignis.

Der Weg aufrichtiger Menschen gleicht dem ersten Licht am Morgen: Stetig nimmt es zu, bis es heller Tag geworden ist.
Sprüche 4,18

Mit diesem einen Opfer hat er alle, die sich von ihm heiligen lassen, völlig und für immer von ihrer Schuld befreit.
Hebräer 10,14

In diesen Versen wird ganz klar ein Prozess beschrieben – zunehmendes Licht, Reinigung und Heiligung. Aber Sie wissen ja bereits, dass das stimmt, denn Sie erleben diesen Prozess jeden Tag.

Manche Bereiche in unserem Leben sind schon weitgehend von Christus bewohnt. Der Rest ist praktisch heidnisch (was sich in unserem Fahrstil zeigt, unserem ausschweifenden Konsum, der Wahl unserer Medien, unserem Fantasieleben oder der alles überlagernden Sehnsucht, dass alles wieder gut wird). Wie kann all dies in ein und demselben Menschen existieren? Weil wir wie ein Kirchenfenster sind – schön selbst in unserer Zerbrochenheit, aber aus vielen Fragmenten zusammengesetzt.

Jeder von uns besteht aus Fragmenten. *Ein Teil von mir liebt Gott,* bekannte der Apostel Paulus, *und ein Teil von mir begehrt gegen ihn auf* (siehe Römer 7). Aufgrund dieses Zustands bat David den Herrn voller Verzweiflung, er möge ihm ein ungeteiltes Herz schenken (siehe Psalm 86,11). Darum ist die Erlösung ein *Prozess.*

Dieser Gedanke hilft uns, mit uns selbst freundlich und barmherzig umzugehen, wenn die unbekehrten Teile von uns plötzlich an die Oberfläche kommen. Ganz einfach deshalb, weil das Auftauchen von Wut, Bitterkeit, Unglaube und was sonst noch aus dem Keller kommt, nicht bedeutet, dass unsere Erlösung nicht echt ist. Es bedeutet nur, dass ein Teil von uns noch nicht mit Christus vereint ist. Denken wir also einmal darüber nach, wie wir diesen Teil mit Christus vereinen können, denn wir brauchen die Resilienz, die uns durch die Heiligkeit verliehen wird, ganz dringend.

Was wahre Erlösung bedeutet

Jesus verwendete folgendes Beispiel: „Mit dem Himmelreich ist es wie mit dem Sauerteig. Eine Frau nimmt eine Handvoll davon, mengt ihn unter einen halben Sack Mehl, und am Ende ist die ganze Masse durchsäuert“ (Matthäus 13,33).

Der Sauerteig dringt in den Brotteig ein und arbeitet sich voran, bis er alles durchsäuert hat. Die Verheißung, die sich aus diesem Bild ableitet, lautet: Die Güte Jesu arbeitet sich definitiv durch unser ganzes Wesen voran. Jesus ist hier übrigens der Sauerteig – sein wunderbares Leben pulsiert in uns, es beginnt unser ganzes Wesen zu durchdringen und uns wahrhaftig zu erlösen. Das also bedeutet Erlösung: das Durchdringen unseres Wesens durch die Gegenwart Christi in uns, die uns heilt, erneuert und uns sein eigenes Leben verleiht.

Der schottische Autor und Pastor George MacDonald schrieb im 19. Jahrhundert:

> *Die Auffassung, dass die Erlösung durch Jesus eine Erlösung von den Folgen unserer Sünden sei, ist falsch, billig und kleinlich. Die Erlösung durch Jesus ist in Wirklichkeit eine Erlösung*

von selbst der geringsten Neigung oder Tendenz zur Sünde. Sie ist eine Befreiung hinein in die reine Luft der Denk- und Fühlweise Gottes. Sie ist eine Erlösung, die das Herz rein macht, die ihm den Willen und die Entscheidungsmöglichkeit gibt, rein zu sein.[46]

Daraus folgt, dass es wichtig für uns ist, in diesen schweren Zeiten bei diesem Prozess mitzumachen und ihn von ganzem Herzen weiterzuverfolgen. Es ist ein Prozess, bei dem Gott den Teil von uns zutage fördert, der *noch nicht* mit Christus vereint ist, damit er mit ihm vereint werden kann. So gewinnen wir eine neue Perspektive für das, was in uns auftaucht, wenn wir unter Druck stehen.

Darum bringen die Militärausbildung und Survival-Camps für Führungskräfte so gute Ergebnisse hervor – sie liefern uns lebendige und ganz aktuelle Erfahrungen, durch die wir lernen, mit dem umzugehen, was in uns aufbricht. Doch der christliche Glaube kann das auch und wir müssen dazu noch nicht einmal unser Zuhause verlassen.

Kraftquelle
Die „unbekehrten Orte" bekehren

O Jesus, ich bitte dich um die Erlösung, die wahre Erlösung ist.

Dieses Gebet habe ich selbst gesprochen. Ich bin seit beinahe fünf Jahrzehnten Christ. Ich weiß, dass ich in Gottes Liebe geborgen bin. Ich weiß, dass mir vergeben wurde. Aber auch ich zucke peinlich berührt zusammen, wenn diese unbekehrten Orte in mir an die Oberfläche kommen. Ich möchte nicht nur Vergebung erlangen; ich möchte wirklich erlöst werden, das heißt *von Christus durchdrungen.*

Das Ganze läuft in der Regel so ab: Die Bitterkeit, das Begehren oder etwas anderes ist gerade an die Oberfläche gekommen. In diesem Moment bete ich um die Erlösung, die wahre Erlösung ist. Ich bete, dass auch dieser Teil von mir ganz und gar bekehrt wird. Doch schauen wir uns das Schritt für Schritt an.

Zunächst einmal sollten wir nicht davonlaufen. Uns nicht verstecken. Wenn wir bloßgestellt wurden, wollen wir das Ganze instinktiv mit einem Feigenblatt zudecken. Doch das wird uns nicht helfen. Darum sollten wir uns dieser Bloßstellung aussetzen, denn wir brauchen Christus genau dort.

Begeben wir uns also in diesen unbekehrten Ort hinein. Damit meine ich: hingehen, ihn erspüren, ihn dem Tageslicht öffnen. Er ist ein Teil von uns, also gehen wir mitten hinein. Wir möchten die Tür dieses Fragments für Christus öffnen und das geht nur von innen.

Jesus, hier bin ich also – voller Hass, Begehren und Groll. Ich sehe es; ich spüre es. Nun öffne ich dir diesen Teil von mir, Herr. Erlöse mich dort.

Wenn wir Jesus bitten, uns „dort zu erlösen“, dann ist das mehr als nur ein „Tut mir leid“ (obwohl dieses auch nötig sein kann). Wir entschuldigen uns nicht bloß und geloben Besserung, denn das reicht in der Regel nicht. *Vielmehr streben wir danach, dass dieser Ort mit Jesus Christus vereint wird,* damit Jesus sich um ihn kümmern kann und wir die Neuschöpfung von ihm empfangen können.*

Jesus, erlöse mich hier. Ich übergebe dir diesen unbekehrten Ort in mir, damit du mit deiner Gegenwart darin wohnen kannst. Vereine

---

* Ich will damit nicht sagen, dass die Existenz nicht geheiligter Orte in uns bedeutet, wir hätten die Geborgenheit unseres Nach-Hause-Kommens zu Gott verloren. Keineswegs. Aber die Erlösung ist auch eine Neuschöpfung und in diesem Sinne gehören wir ihm hier noch nicht.

dich hier mit mir; durchdringe mich. Ich bitte darum, hier ganz und gar bekehrt zu werden.

Dann legen wir eine Pause zum Nachdenken ein. Wir fragen Jesus, was jetzt nötig ist. Müssen wir von unserem trotzigen Zorn befreit werden? Gibt es etwas, das wir Jesus übergeben sollten – unser Bedürfnis, recht zu haben oder Vergeltung zu üben; das, womit wir uns selbst trösten (also unsere Abhängigkeiten)?

Jesus, was ist noch nötig? Zeig mir, wie ich mit dir zusammenwirken kann.

Jesus, vereine dich mit jedem Teil von mir, der noch nicht mit dir eins ist. Lass mein ganzes Wesen wieder heil werden, sodass es eine einzige, ganze Person wird, die mit dir vereint ist. Ich bitte um eine völlige Gemeinschaft mit dir durch mein ganzes Wesen hindurch. Denn du allein bist meine Rettung und ich bitte dich um die Erlösung, die wahre Erlösung ist. Ich bitte dich um deine Heiligkeit für diesen Ort hier. In deinem Namen.

Ich möchte gerne noch etwas hinzufügen, das Ihrem Herzen helfen soll, die Freude wiederzufinden.

Unser Feind ist voller Hass und er sendet seinen Hass in die Welt – vor allem gegen die Gläubigen. Vielleicht haben Sie schon gespürt, wie dieser über Sie kam, obwohl Sie ihn nicht als geistlichen Angriff benennen konnten. Er kommt in Form von Verachtung, Erniedrigung und Anklage. Er kommt als ein Gefühl des Versagens und vor allem als Verlust der wunderbaren Gewissheit der Liebe Gottes zu uns. Wenn eine dämonische Macht dahintersteht, wenn er als *Geist* des Hasses kommt, dann durchbohrt er Herz und Seele.

Er verführt uns auch zum Hass, er erfüllt uns mit Hass gegen eine andere Person oder Sache.

Wir können uns aus dieser Art der Attacke nicht mit Worten befreien. Ein geistliches Eindringen kann nur durch eine himmlische Macht verhindert werden. Und es gibt im ganzen Universum keine größere Macht als die Liebe Gottes. „Denn du, Herr, segnest alle Menschen, die dir treu sind, deine Gnade umgibt sie und schützt sie wie ein Schild" (Psalm 5,13).

Unser Seelsorgeteam hat festgestellt, dass es sehr wirksam ist, dem Hass im Gebet die Liebe Gottes *entgegenzusetzen*.

Ich sage allem Hass ab. Ich kündige hiermit alle Vereinbarungen, die ich in irgendeiner Form mit dem Hass getroffen habe. Ich werde nicht mehr mit ihm zusammenwirken oder an seinem Handeln teilnehmen.
Ich sage auch allem Hass ab, der sich gegen mich richtet; ich verbanne ihn aus meinem Leben. Mein Vater liebt mich. Der Herr Jesus liebt mich. Ich wähle den Weg der Liebe. Ich entscheide mich für die Liebe!
Darum rufe ich nun im Namen Jesu die mächtige Liebe Gottes an und setze sie allem Hass, der sich gegen mich richtet, entgegen. Ich bitte darum, Vater, dass du mein Herz und meine Seele vor jedem Angriff des Hasses mit dem Schild deiner Liebe schützt. In Jesu Namen, amen.

Die Fata Morgana stellte schon immer ein großes Problem für Menschen dar, die ums Überleben kämpfen, vor allem wenn die Zeit verstreicht und die Sehnsucht nach Rettung immer größer wird. Unser intensiver Wunsch, dass etwas wahr sein soll, überwältigt dann unseren Verstand und unsere Sinne und will es unbedingt zur Realität werden lassen. Steven Rinella, der oberhalb des Polarkreises auf die Jagd ging, wurde mehr als einmal durch das weite Terrain der Arktis und ihr verwirrendes Licht in die Irre geführt:

> *In dieser Richtung gab es sehr starke Luftspiegelungen; der Übergang zwischen Land und Luft schimmerte und tanzte wie verrückt, wie die Hitzewellen auf einem Highway in der Wüste, nur noch stärker. …*
>
> *Der aus Kanada stammende Polarforscher Vilhjálmur Stefánsson, der ziemlich genau 100 Jahre vor mir diesen Landstrich durchquerte, berichtet ausgiebig vom trügerischen Licht der Arktis. Er selbst hielt einmal ein nah bei ihm stehendes Erdhörnchen für einen weit entfernten Grizzly. Ein anderer Jäger soll einen Lemming von rund 100 Gramm mit einem mehrere Zentner schweren Moschusochsen verwechselt haben. Außerdem berichtet er von einem Mann, der sein Boot auf einen „dunklen Berg mit Gletschertälern auf beiden Seiten" zusteuerte. Als der Mann näher kam, tauchte der Berg unter. Es war in Wirklichkeit ein Walrosskopf, und die Gletscher waren die Stoßzähne.*[47]

Manchmal werden die Illusionen gefährlich. Der Bergsteiger Aron Ralston war tagelang in einem Canyon-Spalt gefangen, nachdem ein massiver Felsbrocken heruntergerutscht war und ihm den Arm durchbohrt hatte. In dem verzweifelten Wunsch nach Rettung dachte er, die Schreie der Krähen seien die Rufe der Menschen, die nach ihm suchten.

Kapitel 7

Ein Königreich ohne König

„Gebt acht, dass euch niemand irreführt!", erwiderte Jesus. „Denn viele werden unter meinem Namen auftreten; sie werden behaupten, sie seien der Messias, und werden viele irreführen."
Matthäus 24,4-5

In der Kleinstadt Kapaa auf der Insel Kauai gibt es ein Museum, das dem sogenannten „Eden-Experiment" gewidmet ist; dieses fand in den 1960er-Jahren an der wunderbaren Nordküste statt. Man nannte es auch das Taylor-Camp, weil der Bruder der berühmten Schauspielerin Elizabeth Taylor einer der Gründer dieser Gemeinschaft von Hippies, Surfern und Vietnam-Veteranen war, die sich auf diese Weise den Aufständen an den Universitäten und dem brutalen Vorgehen der Polizei auf dem Festland entzogen, um gemeinsam ... nackt ... auf Bäumen zu leben. Es war die ultimative Hippie-Fantasie.[48]

Und vielleicht hört sich das alles auf den ersten Blick sehr schön an. So lebt man völlig ohne Kosten und Verpflichtungen in einem Paradies – kein stressiger Job, keine Hypotheken, keine Rechnungen, keine Sorgen. Man braucht überhaupt nicht zu arbeiten, sondern lebt von dem, was das Land bietet – Mangos, Avocados und anderen Früchte, die von den Bäumen fallen. Man liegt herum und genießt die atemberaubende Schönheit und Wärme der Tropen, macht Musik, wird high, hat Sex und badet im Ozean. Was ist schon ein bisschen Drogenmissbrauch und Unmoral unter Freunden?

Doch heute wissen wir, dass die 1960er-Jahre hinter den Kulissen dunkel waren. Drogenmissbrauch und wechselnde sexuelle Beziehungen richteten großen Schaden an. AIDS war nur eine der Früchte. „Make Love Not War" hörte sich zwar gut an, aber viele Frauen und Männer erlitten tiefe seelische Wunden, als sie diesem Sirenengesang folgten.

Mein Freund Craig führte ein Hippie-Leben mit allen Konsequenzen. Er reiste durch die gesamten Vereinigten Staaten, Zentralamerika und Europa, nahm Drogen und „stieg aus", wie es damals hieß. Die meisten seiner Freunde starben an einer Überdosis, manche leben immer noch in der Psychiatrie. „Ich selbst bin gerade noch einmal davongekommen", sagt er.

Vielleicht hatte Jesus genau diese seelischen Verwundungen vor Augen, als er uns wiederholt vor der um sich greifenden Verblendung der Endzeit warnte – vor falschen Erlösern, falschen Versionen des Reiches Gottes, gefälschten Paradiesen.

„Viele werden auftreten", sagt Jesus, was bedeutet, dass es eine Menge solcher Leute geben wird. „Und sie werden viele irreführen", was heißt, dass eine Menge Leute auf sie hereinfallen werden. Jesus scheint hier ziemlich besorgt zu sein, vielleicht weil diese Täuschungen besonders überzeugend daherkommen. Er beginnt seine Endzeitreden mit dieser Warnung und wiederholt sie am Ende noch einmal:

> *Wenn dann jemand zu euch sagt: „Seht, hier ist der Messias!" oder: „Seht, er ist dort!", so glaubt es nicht. Denn mancher falsche Messias und mancher falsche Prophet wird auftreten und große Zeichen und Wunder vollbringen, um, wenn möglich, sogar die Auserwählten irrezuführen. Denkt daran: Ich habe es euch vorausgesagt.* *Matthäus 24,23-25*

Ein guter Lehrer wiederholt seine Aussagen, wenn er sicherstellen möchte, dass wir sie nicht vergessen.

Ich glaube nicht, dass Jesu Warnungen sich nur auf irgendwelche Spinner beziehen, die sich selbst für den Messias halten. Jesus kennt unser intensives Verlangen danach, dass alles wieder gut wird, und er kennt auch die erwiesenen Fähigkeiten unseres Feindes, uns zu dem zu verlocken, was uns fälschlicherweise Linderung verspricht – was unweigerlich schiefgehen muss und uns anfällig macht für den Verlust des Herzens und des Glaubens. Das wird sich zwar einerseits auf gesellschaftlicher Ebene verwirklichen, andererseits geschieht das meiste davon jedoch in den stillen Regungen des menschlichen Herzens.

Ich bin dankbar, dass Jesus uns zugesichert hat, die Auserwählten Gottes würden dem entrinnen. Doch die Art, wie er das gesagt hat, hinterlässt den Eindruck, dass dies eine *knappe* Sache sein wird.

Besonders anfällig sind wir heutzutage für alles, was uns den Garten Eden vorgaukelt. Unsere Sehnsucht nach Linderung möchte am liebsten alle anderen Werte über Bord werfen. Heute Morgen ging ich an einer von Stacys Gartenzeitschriften vorbei, die aufgeschlagen dalag und ein Foto zeigte, das eine starke Anziehungskraft auf mich ausübte. Durch die offenen Türen eines luxuriösen Heimes konnte man hinausblicken über die Terrasse und den großartigen Swimmingpool auf die sanften grünen Hügel eines wunderschönen Anwesens. Mein Herz warf nur einen Blick darauf und meinte: *Das ist es. Das ist alles, was ich jetzt brauche, um glücklich zu sein.*

So schnell kann es gehen mit der Täuschung und Verführung.

Falsche Erlöser und die Folgen

Jesus fuhr mit einem Gleichnis fort. Weil er so nahe vor Jerusalem war, meinten seine Zuhörer nämlich, der Anbruch des Reiches Gottes stehe unmittelbar bevor. Er sagte: „Ein Mann aus vornehmer Familie reiste in ein fernes Land, um sich dort zum

König über sein eigenes Land einsetzen zu lassen und dann zurückzukehren. Vor der Abreise rief er zehn seiner Diener zu sich und gab ihnen Geld, jedem ein Pfund. ‚Arbeitet damit, bis ich wiederkomme!', sagte er. Doch die Bürger des Landes hassten ihn. Sie schickten eine Abordnung hinter ihm her und ließen erklären: ‚Wir wollen nicht, dass dieser Mann König über uns wird.'" *Lukas 19,11-14*

In seinem berühmten Lied „Imagine" beschreibt John Lennon die Vision einer neuen Welt. Millionen Menschen liebten diesen Song. Er klang so schön: Wir können eine Welt des Friedens und der Brüderlichkeit schaffen: kein Besitz, kein Krieg, kein Hass. Flower-Power. Es war so verlockend. Viele dachten, dies sei die Verwirklichung unserer tiefsten Sehnsüchte. Aber in Wirklichkeit war es eine ungeheure Katastrophe. Lennon machte sich die kindliche Sehnsucht nach dem Reich Gottes zunutze, angefeuert durch die Rebellion der Jugend. Es fällt auf, dass Lennon keinen Himmel, keine Hölle und keine Religion wollte. In seinem Garten Eden ist kein Platz für Gott. (Es ist wichtig, auf *alles* zu achten, was ein falscher Prophet von sich gibt.) Er wollte das Königreich ohne den König.

Das alles ist *tief* in unserer menschlichen Natur verwurzelt. Es wurde uns vom Feind persönlich eingepflanzt, damals beim Sündenfall, als uns das Leben wichtiger war als Gott. Dies ist durch und durch dämonisch.

Die 1960er-Jahre wirken ziemlich unschuldig im Vergleich zu den meisten anderen Unternehmungen in der Menschheitsgeschichte, bei denen es darum ging, ein Königreich ohne den König zu errichten. Jeder einzelne dieser Versuche, den Himmel auf Erden zu erschaffen, wurde am Ende zur Hölle.

Während der Russischen Revolution versprachen die Bolschewiken, den Krieg zu beenden, den Bauern Land und den Stadtbewohnern Brot zu geben – es klang so, als würde der einfache

Bürger endlich gleichberechtigt werden. Was aber tatsächlich passierte: Zehn Millionen Menschen wurden getötet und es wurde ein skrupelloses Regime der Unterdrückung errichtet, unter dessen Erbe bis heute 287 Millionen Menschen leiden.

Oder nehmen wir China und den Großen Sprung nach vorn – das hörte sich so fortschrittlich an. Die Rolling Stones, Sartre, John Lennon und die frühe feministische Bewegung, sie alle waren vom Vorsitzenden Mao begeistert, weil sie dachten, er kämpfe für die Arbeiterklasse und führe eine gerechtere Weltordnung herbei. Stattdessen starben achtzig Millionen Menschen und es entstand ein weiteres skrupelloses Regime.[49] Und vergessen wir auch nicht, dass Hitlers Deutschland die Vision einer idealen Welt sein sollte. Dort wurden nicht nur Juden umgebracht, sondern es wurde auch versucht, die ideale Gesellschaft von Menschen mit Behinderung zu befreien.

Ich benutze die historischen Beispiele, weil es zurzeit nur wenige Leute gibt, die solche Systeme verteidigen würden, obwohl diese noch vor ein paar Jahren die Lieblinge der intellektuellen Elite waren. Wenn ich aktuelle Beispiele anführen würde, würde dies nur Grabenkämpfe auslösen, weil die meisten Leute es nicht mögen, wenn man ihre Garten-Eden-Agenda infrage stellt.

Die Regierungen dieser Welt werden auf gefährliche Weise restriktiver. Wir können uns als Gesellschaft nicht mehr darauf einigen, was gut und was böse ist. Es gibt keinen Konsens darüber, wozu der Mensch geschaffen wurde und wie er leben sollte. Also wurde aus dem Kampf für Gerechtigkeit eine mit harten Bandagen ausgeübte Politik, die besagt, dass jeder so leben soll, wie er will, egal wie weit sich das von dem entfernt, wofür Gott uns geschaffen hat. Wenn man sich diesen Bewegungen zu widersetzen versucht, wird man von einer Welle selbstgerechter Rachegedanken überspült, die den Tonfall religiöser Verfolgung angenommen haben.

Ich führe das nur deshalb an, weil Jesus uns davor gewarnt hat.

Müde Seelen sind bereit, sich mit fast allem abzufinden, solange uns nur versprochen wird, dass wir unser eigenes kleines Glück wieder zurückbekommen. Als ich vor ein paar Jahren einen Freund in Osteuropa besuchte, erzählte er mir, dass viele Leute bereit wären, zum Kommunismus zurückzukehren, weil dies zumindest Sicherheit bedeute! „Einem Hungrigen schmeckt alles Bittere süß" (Sprüche 27,7).

Jesus hat gesagt: „Arme wird es immer bei euch geben" (Matthäus 26,11) und das ist von ihm nicht zynisch gemeint, sondern ganz realistisch. Alles, was Jesus gesagt hat, gründet sich auf einen Realismus, der die Welt mit offenen Augen wahrnimmt. Die Bibel ist hier ganz klar: Die Welt kann nicht mehr in Ordnung gebracht werden, außer durch die Wiederkunft von Jesus Christus. Glauben wir das wirklich?

Natürlich werden wir alles tun, was wir können, damit die Welt zu einem besseren Ort wird. Aber wir halten uns von jedem Versuch fern, die Welt zu einem *perfekten* Ort zu machen, denn das würde bedeuten: Hitlers Deutschland, Maos China oder auch das Taylor-Camp.

Vergessen wir nicht: Egal wie verheißungsvoll ein solcher Gedanke klingen mag, wenn Gott sich nicht damit identifiziert, sollten wir es auch nicht tun. Das gilt für unsere Beziehungen, berufliche Veränderungen, das Kaufen oder Verkaufen eines Hauses, ja sogar für so einfache Dinge wie einen Urlaub. Wir wollen nur das, wofür Jesus sich auch einsetzt; wir wollen nur das, was unser Vater uns schenkt. Der Lackmustest unserer Zeit besteht nicht darin, dass wir sagen: „Ich gelobe dir Treue, Jesus!", sondern: „Ich will nur das, was du tust".

Egal wie verheißungsvoll ein Gedanke klingen mag, wenn Gott sich nicht damit identifiziert, sollten wir es auch nicht tun.

Und was tut Jesus gerade?

Versucht er, allen Leuten auf diesem Planeten ihr glückliches kleines Leben zu sichern? Oder will er jedes menschliche Herz und jede Seele auf seine plötzliche, überraschende Wiederkunft vorbereiten? Nur die Wiederkunft Jesu wird diesem kaputten Planeten Heilung bringen.

Unser Eden-Herz schützen

Wenn Jesus sagt: „Euer Herz erschrecke nicht", „Seid nicht betrübt" und „Lasst euer Herz nicht beschwert sein", dann geht er davon aus, dass wir beim Schutz unseres eigenen Herzens eine aktive Rolle spielen. Die Entscheidung liegt bei uns, ob unser Herz von Furcht oder Traurigkeit überwältigt wird. Auf jeden Fall steht es in unserer Macht zu wählen, welchen Dingen wir unser Herz aussetzen. Unsere reiche Erfahrung, dass Gott uns zu Hilfe kommt, dass er mit uns spricht und uns zugute handelt, kann dazu führen, dass wir meinen, es liege alles bei ihm. Doch das ist nicht der Fall.

Erinnern Sie sich noch, dass ich in Kapitel 1 schrieb, unser erschöpftes Herz könne irgendwann ganz einfach ans Ende seiner Reserven gelangen und sagen: *Ich kann nicht mehr. Ich will das nicht noch einmal tun müssen?* Nun, im Jahr 2021 haben Millionen von Menschen gleichzeitig ihre Jobs aufgegeben, eine Zahl, die es nie zuvor gegeben hat. Dieses Phänomen wurde im englischsprachigen Raum als die „Große Resignation" bezeichnet (wobei es sich im Englischen um ein Wortspiel handelt: *resignation* kann sowohl Resignation als auch die Kündigung des Jobs bezeichnen).[50]

Es könnte sein, dass eine ganze Menge Leute sich einfach gesagt haben: „All diese Umbrüche haben mich überzeugt, dass es jetzt an der Zeit ist, das Leben zu leben, das ich mir schon immer gewünscht habe." Vielleicht war es ja so. Vielleicht haben tatsächlich Millionen von Menschen *exakt im selben Moment* beschlossen, ihren Traum nun Wirklichkeit werden zu lassen. Für mich sieht es aber mehr danach aus, worüber wir in diesem Buch schon gesprochen haben – nach einer Trauma-Reaktion, nach erschöpften Herzen, nach dem verzweifelten Wunsch, dass alles wieder gut wird. Mit einer den 1960er-Jahren ähnlichen Naivität verließen Millionen Menschen einfach ihren Job, ohne dass sie einen neuen in Aussicht hatten.

Ich fürchte, dass die Große Resignation ihrem Namen alle Ehre machen wird. Da draußen gibt es nämlich kein perfektes Leben. Die Welt ist nicht ganz plötzlich wieder zu einem traumhaften Ort geworden. Sie ist genauso enttäuschend, wie sie es schon immer gewesen ist. Der Massenexodus der Arbeitskräfte sieht für mich aus wie die Suche nach dem Taylor-Camp. Was folgen wird, ist Desillusionierung, und was danach kommt, wissen wir ja.

Die Menschen im Taylor-Camp konnten ihr spaßiges Leben übrigens nicht lange genießen. Die Hippies gerieten in mehrere Konfrontationen mit der Polizei und mit Einwohnern, die mit der Stimmung dort nichts anfangen konnten. Das Experiment fand ein gewaltsames Ende, als das Camp komplett niedergebrannt wurde.

Jesus hat Verständnis für das Taylor-Camp und alle ähnlichen

Bemühungen. Ja, das hat er wirklich. Er weiß, dass wir alle ein Eden-Herz haben. Denn dort kommen wir her, das ist unsere wahre Heimat. Und jeder Mensch versucht sie wieder zurückzugewinnen … mit dem König oder ohne ihn. Wie viele außereheliche Affären haben wohl in diesen Zeiten stattgefunden? Befreundete Therapeuten, die Männer mit sexuellen Schwierigkeiten beraten, haben mir erzählt, dass die Anzahl derer, die pornografische Inhalte betrachten, im Jahr 2020 rasant in die Höhe geschossen ist. Das ist nicht verwunderlich. Sex ist *die* große Garten-Eden-Fälschung schlechthin. Doch es gibt noch viele andere – darunter Essen, Alkohol und Shoppen.

Die große und schreckliche Abkehr von Gott – dieser erdrutschartige Exodus erschöpfter und verbitterter Herzen – wird vor allem von denjenigen vollzogen, deren Herz sich an einem bestimmten Punkt ganz einfach entschieden hat, sich mit dem zufriedenzugeben, was ihnen Hilfe ohne den König verspricht. *Ich will lieber jetzt ein bisschen glücklich sein und der König interessiert mich nicht.*

So subtil ist das Ganze und so furchtbar. Man könnte es auch die Große Geistliche Resignation nennen. Man sieht es daran, dass Christen, darunter auch viele junge Leute, in wachsender Zahl entweder Gott ganz den Rücken kehren oder ihr Christsein durch einen eher universalen Glauben ersetzen.

Das Christentum wird mit so vielen intoleranten Bewegungen und einseitigen politischen Ansichten in Verbindung gebracht, dass viele Gläubige sich davon distanzieren wollen und sich eine breitere Auffassung zulegen. „Gott kann in jedem Glauben oder auch in gar keinem gefunden werden." Ich kann dieses Anliegen verstehen. Wirklich. Jesus ist für *alle* Menschen da:

> *Am letzten Tag, dem größten Tag des Festes, trat Jesus vor die Menge und rief: „Wer Durst hat, soll zu mir kommen und trinken! Wenn jemand an mich glaubt, werden aus seinem*

Inneren, wie es in der Schrift heißt, Ströme von lebendigem Wasser fließen." *Johannes 7,37-38*

Kommt zu mir, ihr alle, die ihr euch plagt und von eurer Last fast erdrückt werdet; ich werde sie euch abnehmen. *Matthäus 11,28*

Jesu Arme hätten nicht weiter ausgebreitet sein können als bei seinem Tod am Kreuz.

Dennoch sollten wir uns von dieser erdrutschartigen Abkoppelungsbewegung nicht mitreißen lassen, sondern an dem „ein für alle Mal überbrachten Glauben" festhalten (Judas 3). Buddha ist nicht für uns ans Kreuz gegangen. Auch keiner der dreiunddreißig Millionen Hindu-Götter. Mutter Erde kann uns nicht von den Toten auferwecken. Diese wunderbare Erde wartet selbst darauf, von ihrem Schöpfer neues Leben verliehen zu bekommen.

Bevor sich noch mehr kostbare Herzen auf die Resignation einlassen, sollten wir klar sagen, dass der christliche Glaube, so wie er uns von Jesus gegeben wurde, kein universalistischer ist:

„Ich bin der Weg", antwortete Jesus, „ich bin die Wahrheit, und ich bin das Leben. Zum Vater kommt man nur durch mich." *Johannes 14,6*

Bei niemand anderem ist Rettung zu finden; unter dem ganzen Himmel ist uns Menschen kein anderer Name gegeben, durch den wir gerettet werden können. *Apostelgeschichte 4,12*

Wenn wir unsere unbekehrten Orte bekehren und die Kraft zum Überwinden erlangen wollen, müssen wir unseren Glauben und unser Eden-Herz schützen und zurück zu Jesus führen. Wir wenden uns von allem anderen ab, was uns trösten will – selbst von so harmlosen Dingen wie neu gestalteten Projekten oder Urlauben –, und weihen unser Herz ganz Christus.

Wo laufen wir dem Leben hinterher? Wir sollten sicherstellen, dass dieser empfindsame Teil unseres Herzens Jesus gehört.

Ich liebe den Sommer. Er ist Stacys und meine Lieblingsjahreszeit. Doch hier in Colorado sind wir gerade tief im Übergang zum Herbst und all die schönen Blumen in unseren Körben werden sterben. Wir haben aus unserer vorderen Veranda dieses Jahr ein kleines Paradies gemacht, einen üppig blühenden botanischen Garten, und ich spüre, wie die Uhr tickt. Etwas in mir lehnt sich verzweifelt dagegen auf. Jeden Tag bin ich draußen, hege und pflege meine Pflanzen und rede ihnen gut zu. (Letzte Nacht war Frost angesagt und so befinden sich derzeit alle unsere Blumen im Wohnzimmer.) Selbst während ich diese Zeilen schreibe, spüre ich die Verzweiflung geradezu körperlich. *Bitte, nicht jetzt. Noch nicht. Lasst euch noch Zeit mit dem Sterben. Ich brauche euch Blumen so lange, wie es irgend geht.*

Wenn wir unsere unbekehrten Orte bekehren und die Kraft zum Überwinden erlangen wollen, müssen wir unseren Glauben und unser Eden-Herz schützen und zurück zu Jesus führen.

Meine Sehnsucht, dass alles wieder gut wird, befindet sich auf einem Allzeit-Hoch, also bringe ich all unsere Blumen hinein, als seien sie unsere geliebten Haustiere. Ich will so gern, dass sie noch ein kleines bisschen länger schön bleiben. Doch Jesus in all seiner Güte redet mir liebevoll zu und versichert: *Du brauchst das nicht zu tun, John. Alles wird wieder zu dir zurückkommen. Du brauchst es nicht festzuhalten.*

Ja, Gott unser Vater – unser großzügiger Vater – wird uns selbst in den übelsten Zeiten mit den „Vorspeisen des Gartens Eden" versorgen. „Du bereitest vor mir einen Tisch im Angesicht meiner Feinde" (Psalm 23,5; L17). Wenn wir diese Momente als Geschenke erkennen, die unser Herz stärken sollen – und wenn wir sie mit offener Hand halten –, dann können sie uns helfen, ja sogar Heilung bringen.

Der Kniff besteht nur darin, dass wir sie nicht zum Zentrum unseres Lebens machen.

Eden ist nur einen Atemzug entfernt

An diesem Punkt sollten wir einen Augenblick innehalten und uns klarmachen, worauf wir unsere Hoffnung gesetzt haben, diese Hoffnung, die das Kronjuwel des christlichen Glaubens ist. Wir haben eine Hoffnung, die „für unser Leben ein sicherer und fester Anker" ist (Hebräer 6,19), eine widerstandsfähige Hoffnung, die Resilienz *hervorbringt.* Wie eine moderne englischsprachige Bibelübersetzung es beschreibt: „Wir, die wir um unser Leben gerannt sind und uns zu Gott geflüchtet haben, wir haben allen Grund, die verheißene Hoffnung mit beiden Händen festzuhalten und sie nie mehr loszulassen. Sie ist eine unzerreißbare geistliche Rettungsleine, die über alles Äußerliche hinausreicht bis in die direkte Gegenwart Gottes" (Hebräer 6,18-19; The Message).[51]

Sie denken vielleicht, dass ich hier vom Himmel spreche. Keineswegs. Jedenfalls nicht vom typisch christlichen Verständnis des Himmels – solange wir nicht verstanden haben, dass der Himmel die Rückkehr des Gartens Eden ist.

Jesus Christus hat sein Leben eingesetzt, um jedem von uns eine Hoffnung zu geben, die alles übertrifft und in den Schatten stellt, was es je an Hoffnung gegeben hat. Jede seiner Taten, alles, was er sagte, sein ganzes beispielloses Leben zielte sehr bewusst darauf ab, uns diese Hoffnung zu enthüllen. Matthäus beschreibt sie gegen Ende seines Evangeliums mit atemberaubender Klarheit:

> „Amen, ich sage euch: Wenn die Welt neu geschaffen wird und der Menschensohn sich auf den Thron der Herrlichkeit setzt … [wird] jeder, der um meines Namens willen Häuser oder Brüder, Schwestern, Vater, Mutter, Kinder oder Äcker verlassen hat, […] dafür das Hundertfache erhalten und das ewige Leben gewinnen“ (Matthäus 19,28-29). …
> *Wenn Gott die Welt neu macht. Bei der Neuschöpfung.* Eine atemberaubende, schockierende Verheißung. Eine Verheißung, die so herzergreifend schön ist, dass ich staune, warum so viele sie überlesen. Ja, natürlich, vom „Himmel“ haben wir gehört. Aber Jesus redet hier ganz offensichtlich nicht vom Himmel – er redet davon, dass Gott die Welt neu macht. Und das schließt diese Erde ein, die wir so lieben. …
> Unser ganzes Leben lang sehnen wir uns nach einer Erneuerung unseres Lebens. Jede kostbare Erinnerung und jeder Augenblick voller Güte und Schönheit wecken unsere Sehnsucht danach. Erneuerung ist die Verheißung, die jeder Sonnenuntergang uns zuflüstert. Jede Blume. Jeder ungetrübte Ferientag; jede Schwangerschaft, jede Genesung. …
> Wenn wir mit Wohlwollen und Verständnis auf unsere Seele hören, werden wir das Echo einer Hoffnung vernehmen, die so kostbar ist, dass es kaum Worte dafür gibt, so wild, dass wir es kaum ertragen, ihr zu trauen. Gott hat sie in unsere Seele gelegt. Und in diese Erde hat er die Verhei-

> ßung eingewoben, die dieser Hoffnung entspricht. Es ist die Botschaft, die jeder Augenblick ungetrübter Güte uns zuflüstert. Natürlich. „Alles hat Gott so eingerichtet, dass es schön ist zu seiner Zeit. Auch die Ewigkeit hat er den Menschen ins Herz gelegt" (Prediger 3,11). Die Antwort auf das Geheimnis unseres Unglücks ist dieselbe wie die Antwort auf das Leid dieser Welt – wir sehnen uns nach dem Reich Gottes. Wir verzehren uns nach der Neuschöpfung dieser Welt. Und das ist die einzige Hoffnung, die stark, faszinierend, herrlich genug ist, um allen Kummer dieser Welt zu überwinden.[52]

Ja, alle unsere Wünsche werden wahr. Unsere Sehnsucht wird ganz und gar auf wunderbare Weise erfüllt. *Wir bekommen den Garten Eden zurück.* Die Wiederkunft Jesu bringt die Wiederherstellung aller Dinge mit sich, genau hier auf diesem Planeten. Als der Apostel Johannes das Neue Jerusalem aus dem Himmel herabkommen sah, kam es zur Erde herab!

> *Ich sah die heilige Stadt, das neue Jerusalem, von Gott aus dem Himmel herabkommen, schön wie eine Braut, die sich für ihren Bräutigam geschmückt hat. Und vom Thron her hörte ich eine mächtige Stimme rufen: „Seht, die Wohnung Gottes ist jetzt bei den Menschen! Gott wird in ihrer Mitte wohnen; sie werden sein Volk sein – ein Volk aus vielen Völkern, und er selbst, ihr Gott, wird immer bei ihnen sein. Er wird alle ihre Tränen abwischen. Es wird keinen Tod mehr geben, kein Leid und keine Schmerzen, und es werden keine Angstschreie mehr zu hören sein. Denn was früher war, ist vergangen." Daraufhin sagte der, der auf dem Thron saß: „Seht, ich mache alles neu."*
>
> *Offenbarung 21,2-5*

Wer ums Überleben kämpft, weiß, dass seine gegenwärtige Situation nur ein *Durchgangsstadium* ist, das er durchlaufen muss. Er erträgt es mit Geduld und darum ermutigt Jesus uns zum Durchhalten. *Das ist nicht meine dauerhafte Realität; es ist nur der gegenwärtige Zustand.* Wir greifen auf Gottes Hilfe zurück und auf die Kraft zum Überwinden, damit wir diese Zeiten überstehen können. Aber, liebe Freunde, wir gehen auf eine wundervolle, atemberaubende Wendung der Ereignisse zu! All dies, was wir jetzt erleiden müssen, wird vorübergehen. Bald schon werden wir lachen, feiern und einander unsere Erlebnisse erzählen. Wir werden all das Wunderbare genießen, was der Garten Eden zu bieten hat. Für immer.

Diese Denkweise verändert alles.

Wenn wir einem Menschen, der ums Überleben kämpft, sagen, dass die Rettung in drei Wochen kommt, wird er durchhalten können, selbst wenn es drei Monate dauert. Er wird neue Kraft finden. Er wird es schaffen.

Wenn wir aber demselben Menschen erzählen, es gebe keine Rettung, bevor er stirbt, wird er alle Hoffnung verlieren. Er ist gezwungen, den Kopf einzuziehen und sich an jeden Strohhalm zu klammern, den er finden kann.

Die Große Rettung steht bevor.

Die Welt kann nicht geheilt oder in Ordnung gebracht werden ohne die Rückkehr ihres Königs. Wir sehnen uns voller Schmerzen danach, dass der Garten Eden wiederhergestellt wird. Genau das bedeutet die Wiederkunft Christi. Und dann sollten wir dieser realen Perspektive noch hinzufügen, dass wir in den letzten Augenblicken vor dieser Wiederkunft leben, dass sie unmittelbar bevorsteht.

Das sind feste Anker, die es uns ermöglichen, unser Eden-Herz nicht an irgendwelche Fälschungen zu hängen, seien sie groß oder klein. Wir bekommen eine Hoffnung verliehen, die so stark ist, dass wir alles ertragen können.

Kraftquelle
Unser Eden-Herz genau jetzt Jesus geben

Jedes Mal, wenn die Sehnsucht nach Eden in uns aufsteigt, sollten wir sie Jesus übergeben. Es gibt keinen Ort, der sicherer ist.

Wenn ich merke, dass die Verzweiflung in mir aufsteigt, wenn ich spüre, dass ich traurig oder wütend werde, weil meine Pläne, Eden zu erreichen, fehlschlagen, sollte ich innehalten und mein Herz wieder zu Jesus zurückführen. Es ist am besten, dies sofort zu tun, genau dann, wenn wir diese intensive Sehnsucht spüren und in Versuchung geraten, unser Herz an etwas anderes zu hängen. Carl Jung soll einmal gesagt haben: „Jede Abhängigkeit ist ein fehlgeleitetes Gebet."

Als wir im letzten Kapitel über die unbekehrten Orte in uns sprachen, habe ich erklärt, wie wichtig es ist, uns an diese Orte zu begeben, um Christus von dort aus die Tür zu öffnen. Das ist umso schöner, wenn es sich dabei um unsere Eden-Sehnsucht handelt. Begeben wir uns also hinein in dieses Urverlangen, dass alles wieder gut wird, und fangen wir an, Gott an diesem Ort zu lieben. Wir lieben ihn mitten in unserer Sehnsucht, wir wenden uns an ihn und sagen: „Ich entscheide mich für dich. Ich wähle dich, Herr. Du bist mein Leben." Ich verdränge die Sehnsucht nicht. Ich schäme mich nicht für sie. Ich versuche sie nicht kleinzureden. Sie ist da. Ich spüre sie. Doch statt das Zimmer neu zu streichen, das nächste Dinner zu planen oder sonst etwas zu tun, begeben wir uns in dieses Urverlangen hinein und überlassen es Gott.

Herr Jesus, ich gebe dir, nur dir allein, mein Eden-Herz.
Ich sehne mich so sehr danach, dass alles wieder gut wird. Ich möchte so gern, dass … [hier können Sie etwas ergänzen, das Ihnen wichtig ist]. Ich wünsche mir, dass es wieder schön wird.

Dass die Menschen einander lieben. Ich will, dass dieses ganze Chaos vorüber ist. Ich will, dass das Böse aufhört.
Jesus, bitte fang mein Eden-Herz auf. Ich verbinde meine Hoffnung auf die Wiederherstellung des Gartens Eden mit deiner Wiederkunft. Ich schenke mein Herz dir und deiner Rückkehr. Du bist der einzige sichere Ort. Es gibt nur einen Garten Eden. Ich schenke mein Herz dem wahren und einzigen Paradies, das du wiederherstellen wirst, wenn du kommst.

Das ist wahrscheinlich das Schönste, was die menschliche Seele tun kann. Immer und immer wieder, in Tausenden kleiner Entscheidungen wenden wir unseren Blick zurück zu Gott.

Kürzlich hatte ich selbst einen solchen Moment. Es war Abend, ich saß draußen auf der Veranda und war zu aufgedreht, um schlafen zu gehen. Da begann ich zu beten: „Ich entscheide mich für dich. Ich liebe dich. Genau hier in meiner Sehnsucht, dass alles wieder gut wird, entscheide ich mich für dich. Ich plane keine Urlaubsreise. Ich trinke keine Flasche Wein. Ich nehme all meine Sehnsucht und wähle dich, Gott." Plötzlich strich eine sanfte Brise über mein Gesicht, obwohl es den ganzen Abend über windstill gewesen war. Es war ein ganz zärtlicher Moment, in dem Jesus mir antwortete: *Gute Wahl, John. Gut gemacht.*

Die Tiefsten Reserven

Colter Barnes wurde bei einem Überlebenswettkampf in der kanadischen Wildnis ausgesetzt, kurz bevor der Winter kam. Er hatte nur seine Kleider und eine Handvoll Überlebensutensilien bei sich, wozu auch Zündhölzer und eine Angelschnur gehörten. Es gelang ihm, eine Schutzhütte zu bauen, ein Feuer zu machen und es in Gang zu halten. Aber ein kräftig gebauter Mann wie Colter kann nicht von den Pilzen und Wildzwiebeln leben, die er sammelte. Sie genügten noch nicht einmal, um sein Körpergewicht aufrechtzuerhalten. Er brauchte Fisch, doch seine Bemühungen waren nicht erfolgreich. Das Essen war knapp. Am Ende hatte Colter mehr als dreißig Kilo abgenommen. Die Tage und Nächte wurden brutal kalt. Nach mehr als zwei Monaten in der Wildnis war Colter Barnes kurz vor dem Verhungern. Seine Bewegungen wurden schwerfällig. Er redete langsam und undeutlich. Aber er wollte nicht aufgeben. Immer wieder sagte er sich: „Ich muss meine tiefsten Reserven mobilisieren."[53]

Kapitel 8

Die tiefe Quelle in uns

Was ihr nötig habt, ist Standhaftigkeit.
Denn wenn ihr unbeirrt Gottes Willen tut,
werdet ihr einmal erhalten, was er euch zugesagt hat.
Wie heißt es in der Schrift?:
„Nur noch eine ganz kurze Zeit,
dann wird der da sein, dessen Kommen angekündigt ist;
seine Ankunft wird sich nicht verzögern."
Und weiter sagt Gott:
„Der, der sich auf mich verlässt
und im Glauben festbleibt,
wird leben.
Wenn er sich aber von mir abwendet,
werde auch ich nicht zu ihm halten."
Doch wir gehören nicht zu denen,
die sich abwenden und sich damit selbst ins Verderben stürzen.
Nein, wir gehören zu denen,
die am Glauben festhalten und dadurch ihr Leben retten.
Hebräer 10,36-39

Auch Sie, liebe Leserinnen und Leser, gehören zu denen, die am Glauben festhalten. Wenn Ihnen das Thema dieses Buches so wichtig war, dass sie bis zu dieser Stelle weitergelesen haben, dann sind Sie sicher unter denen, die standhaft und treu sind.

Wir halten, so gut wir können, an der Kraft zum Überwinden fest, an der Herrlichkeit Gottes in uns, damit wir alles haben, was wir brauchen, um siegreich durch diese schwierigen Zeiten zu kommen. Diese Kraft, die schöne Kraft, die überwindet, sie kommt aus der Quelle des Lebens selbst, von Jesus Christus, der in uns wohnt. Es ist also sinnvoll, dass wir uns darin üben, unsere Aufmerksamkeit auf Jesus *in* uns zu lenken, dass wir lernen, aus seiner Kraft zu schöpfen, die sich in unserem tiefsten Inneren befindet.

Wichtig ist auch, sich daran zu erinnern, dass die Kraft zum Überwinden von Gott kommt. Wir müssen sie nicht selbst heraufbeschwören. Es geht nicht darum, die Zähne zusammenzubeißen und die eigenen Bemühungen zu verdoppeln. Manchmal hört man Athleten davon sprechen, dass sie ihre Reserven mobilisieren, wenn ein wichtiger Wettkampf bevorsteht. Soldaten benutzen dieselbe Formulierung, die beschreibt, wie wir die tiefsten Quellen in uns anzapfen. Doch letztlich endet hier der Vergleich, denn die Kraft, um die es uns geht, ist eine *übernatürliche,* die von Gott stammt, der uns nicht nur geschaffen hat, sondern auch in uns wohnt.

„Gott gibt meiner Seele Halt. Er ist alles, was ich brauche – und das für immer" (Psalm 73,26). Wie wunderbar, wie lebensverändernd ist es zu erfahren, wie Gott unserer Seele Kraft und Halt gibt!

Wir sprechen hier von der Schönheit, Macht und Herrlichkeit der Ozeane, Wälder, Wasserfälle, Gewitterstürme – all der ungebändigten Kräfte der Schöpfung. Das ist die Kraft Gottes, die uns zur Verfügung steht. Stellen wir uns doch nur vor, dass diese Schönheit, Macht und Herrlichkeit nicht nur in uns wohnt, sondern auch in Anspruch genommen werden kann, sooft wir sie brauchen. Lassen wir unserer Fantasie hier gerne einmal freien Lauf.

Der Gott des offenen Meeres wohnt in mir. Seine Kraft steht mir zur Verfügung, ich darf auf sie zurückgreifen.

Das ist der christliche Glaube, so wie er sein könnte:

Wenn ich mir das alles vor Augen halte, kann ich nicht anders, als anbetend vor dem Vater niederzuknien. Er, dem jede Familie im Himmel und auf der Erde ihr Dasein verdankt und der unerschöpflich reich ist an Macht und Herrlichkeit, gebe euch durch seinen Geist innere Kraft und Stärke. *Epheser 3,14-16*

Man könnte diesen Text und seine Fortsetzung auch aus anderen Übersetzungen zitieren:

Ja, Gott ist reich an Herrlichkeit, und so bete ich darum, dass er es euch schenkt, dass ihr im Kern eurer Persönlichkeit durch seinen Geist mit Kraft ausgestattet werdet.
Epheser 3,16 (Das Buch)

Ihr sollt erfahren, mit welcher unermesslich großen Kraft Gott in uns, den Glaubenden, wirkt. *Epheser 1,19 (Hfa)*

Wir sollten es nicht zulassen, dass Erfahrungen aus der Vergangenheit unsere Fähigkeit behindern, uns dem zu öffnen. Das Leben ist voller Enttäuschungen. Es gibt vieles, bei dem wir nicht verstehen, warum Gott nicht eingegriffen hat. Ich kenne das selbst auch. Doch genau darum sollten wir es der Bibel erlauben, uns neue Horizonte zu eröffnen, sonst werden wir für immer innerhalb der Grenzen unserer eigenen Erfahrungen bleiben.

Denken wir also noch einmal darüber nach: Der Gott der Sternschnuppen und der wirbelnden Galaxien, der Herr, der „durch die Kraft seines Wortes das ganze Universum trägt“ (Hebräer 1,3), er lebt in Ihnen. Was wäre, wenn Sie aus dieser ungeheuren Energie und Macht Ihre Kraft schöpfen könnten? Mit Sicherheit würde das alles verändern.

Um uns aber diese ungebändigte Kraft aneignen zu können, müssen wir uns mit Gott verbinden. Wie ein Baum seine Wurzeln tief hinunter in die unterirdische Welt streckt, müssen wir lernen, uns mit der Gegenwart Gottes zu verbinden, dort, wo er in uns wohnt, in unserem tiefsten Inneren.

Wir wollen sehen, ob wir hier einen Zugang finden können.

Unser tiefstes Inneres

Wir saßen mit ein paar Freunden auf der Veranda draußen und redeten über dies und das, als eine Frau dazukam, die wir alle kennen. Sie ist jemand, der eine ungewöhnliche innere Kraft und Ausgeglichenheit besitzt. Ich habe es, glaube ich, noch nie erlebt, dass etwas sie aus der Fassung gebracht hat. Sie wirkt auf den ersten Blick ruhig und zurückhaltend, aber das ist nur deshalb so, weil sie es nicht nötig hat, sich in den Vordergrund zu drängen. Wenn sie redet, dann scheint dies aus tiefen Ressourcen zu kommen. Einen Moment herrschte Schweigen, dann sagte jemand: „Stille Wasser sind tief."

Tatsächlich ist jeder Mensch wie ein tiefer Brunnen. Aber die meisten Leute greifen nicht auf diese Orte in ihnen zurück, weil sie eher an der Oberfläche ihrer eigenen Existenz leben. Unser hektisches Umfeld mit dem nie endenden Angebot an Ablenkungen und Forderungen ist übrigens bestens dazu geeignet, uns *im Seichten herumdümpeln zu lassen.*[54]

Die Bibel spricht klar von den Tiefen unseres innersten Wesens als dem Ort, an dem Gott wohnt. Das ist ein zentrales Thema sowohl des Alten als auch des Neuen Testaments:

> *Preise den Herrn, meine Seele,*
> *ja, alles in mir lobe seinen heiligen Namen!*
> *Psalm 103,1*

Wie ein Baum seine Wurzeln tief hinunter in die unterirdische Welt streckt, müssen wir lernen, uns mit der Gegenwart Gottes zu verbinden, dort, wo er in uns wohnt, in unserem tiefsten Inneren.

Der Atem des Menschen ist die Lampe des Herrn, mit ihr erforscht er, was im Innern des Menschen vor sich geht.
Sprüche 20,27

Wenn jemand an mich glaubt, werden aus seinem Inneren, wie es in der Schrift heißt, Ströme von lebendigem Wasser fließen. *Johannes 7,38*

Der unerschöpflich reich ist an Macht und Herrlichkeit, gebe euch durch seinen Geist innere Kraft und Stärke.
Epheser 3,16

Wir haben ein „inneres Wesen" und das ist der Ort, an dem Gott in uns wohnt. Wenn wir lernen, aus seiner tiefen Gegenwart Kraft zu schöpfen, eignen wir uns damit die Kraft zum Überwinden an.

Der Geist lehrt unsere Seele: Weil Gott tief in uns stärker präsent ist, … muss er auch dort gesucht werden. Und wir sollten uns dort an ihm erfreuen. … Darum finden wir von Anfang an große Freude in dem Wissen, dass unser Herr in uns lebt, dass wir ihn in unserem tiefsten Inneren finden und seine Gegenwart genießen können.[55]

Nun gilt es aber zu betonen, dass diese Kraft nur den Söhnen und Töchtern Gottes zur Verfügung steht, denen, die ihn eingeladen haben, in das Zentrum ihres Wesens zu kommen und dort zu wohnen. Solange Gott nicht *in* uns lebt, ist das alles nur magisches Denken. In Online-Memes und Zitaten zum Thema innere Resilienz kann man viel Unsinn lesen. Das funktioniert nicht, wenn Jesus von Nazareth nicht in uns lebt. Wenn Sie also diesen Schritt des Glaubens, der Hoffnung und der Liebe noch nicht unternommen haben, dann wäre jetzt vielleicht ein guter Zeitpunkt dafür!

Vater, Jesus, Heiliger Geist, ich brauche dich mehr als das Leben selbst. Ohne dich bin ich unvollständig. Du bist die Quelle meines Lebens und alles Guten, wonach ich mich sehne. Ich öffne dir mein Herz, Herr Jesus, und bitte dich, in mein tiefstes Inneres hineinzukommen und dort zu wohnen. Ich übergebe dir die Herrschaft über mein Leben als mein Herr und Retter und bitte dich zu kommen und dein Versprechen einzulösen – dass du kommen und mit uns eins sein wirst, wenn wir dir die Tür unseres Herzens öffnen.[56]

Das ist das Geheimnis aller Genesung und Resilienz – dass Jesus selbst in unserer geschöpflichen Natur lebt, tief drinnen im Kern unseres Wesens. Und dort in diesen Tiefen müssen wir lernen, seine Kraft in Anspruch zu nehmen, die Kraft zum Überwinden.

Einfacher, als du denkst

Jesus betete intensiv in öffentlichen Momenten und teilte die Liturgie seines Volkes, aber er suchte auch nach abgeschiedenen Orten, getrennt vom Wirbelsturm der Welt, Orte, an denen er in das Geheimnis seiner Seele hinabsteigen konnte.[57]

Mir ist klar, dass der Gedanke, sich an den Ort zu begeben, wo Gott in uns wohnt, den meisten Leserinnen und Lesern fremd sein wird. In der Tradition der christlichen Klöster ist er jedoch schon seit Jahrhunderten bekannt. Die meisten von uns kennen sich hier allerdings nicht aus. Gehen wir also Schritt für Schritt vor. Dann werden Sie den Gedanken wahrscheinlich als leichter zugänglich empfinden.

Zunächst einmal wollen wir die verschiedenen „Ebenen" unseres Wesens benennen:

- Den ganzen Tag über bewegen uns flüchtige Gedanken, von denen die meisten unbedeutend sind.
- Außerdem haben wir Sehnsüchte, Hoffnungen und Träume, die weitaus wichtiger sind.
- Tief in uns erleben wir den Schrei nach Liebe, Hoffnung und Freude, der uns beinahe wie ein Urbedürfnis unseres Wesens vorkommt.

Ich nenne diese verschiedenen Schichten unseres Wesens die seichten Gewässer, die mitteltiefen Gewässer und die Tiefsee.

Die seichten Gewässer unseres Wesens sind durch die Ablenkungen des Lebens gekennzeichnet und werden von ihnen bestimmt. Wir springen auf eine beinahe unvorhersagbare Weise von Gedanke zu Gedanke, von Ablenkung zu Ablenkung. Sie wissen wahrscheinlich, wie das abläuft: Sie sind mit dem Auto unterwegs und hören sich einen Podcast über die Intelligenz von Hunden an. Der Moderator erwähnt nebenbei, dass er Geburtstag hat, und Ihr Gehirn greift diese beiläufige Bemerkung auf. Plötzlich fällt Ihnen ein, dass Sie den Geburtstag Ihrer Mutter vergessen haben, was zu der panischen Frage führt, wie Sie das wiedergutmachen können und wo Sie heute eine Geburtstagskarte kaufen sollen. Sie denken an ein Geschäft, das vielleicht Karten hat, und erinnern sich, dass dort nebenan eine gute Imbissbude steht. Sie merken, wie sehr Sie Appetit auf eine Portion Pommes haben, und innerhalb von ein paar Nanosekunden sind Sie kilometerweit vom eigentlichen Thema des Podcasts entfernt.

So sieht heutzutage das geistige Leben der meisten Leute aus – ein Sammelsurium ablenkender Gedanken, die umherflattern wie Tausende von Schmetterlingen. Das sind die seichten Gewässer unseres Daseins.

Die mitteltiefen Gewässer sind durch das gekennzeichnet und bestimmt, was ich in Anlehnung an die Worte Jesu „die Sorgen des Lebens" nennen würde, den tieferen Kummer, die Schmerzen, Sehnsüchte und Bestrebungen, die das menschliche Herz beschäftigen (siehe Lukas 21,34 und Matthäus 4,19). Dazu gehören Dinge wie die Gesundheit unserer älter werdenden Eltern, die Lernschwierigkeiten unserer Kinder, eine schwierige Beziehung, der Fortschritt unserer beruflichen Karriere oder deren Stillstand. Unsere Finanzen, die eigene Gesundheit, die Hoffnungen und Ängste im Blick auf die eigene Zukunft oder die unserer Angehörigen.

Ich hoffe, diese Beschreibung hilft Ihnen, die mitteltiefen von den seichten Gewässern zu unterscheiden. Die mitteltiefen Gewässer liegen tiefer in unserem Inneren, weil dies das Gebiet der ernsteren Themen ist. Wenn Jesus sagt: „Lasst euch nicht von den Sorgen des täglichen Lebens gefangen nehmen" (Lukas 21,34), dann sind das die Orte des Kummers und der Furcht, auf die er sich bezieht.

Ablenkungen halten uns die meiste Zeit des Tages in den seichten Gewässern. Sie verbrennen unsere geistige Energie, richten unseren Fokus mal auf dies, mal auf jenes und schicken uns so auf eine Achterbahnfahrt. Doch es ist der Druck der mitteltiefen Gewässer, der uns nachts wach hält – es sind die Dinge, die uns ins Gebet führen, die uns Magengeschwüre verursachen. Die mitteltiefen Gewässer und nicht die seichten sind der Ort unserer Tränen.

Noch tiefer, in den „Tiefen unseres Seins", liegt das Wesentliche unserer Existenz und das ist auch der Ort, wo Gott wohnt (da Sie ihn in Ihr Leben eingeladen haben!). Die Tiefsee ist durch das gekennzeichnet und bestimmt, was ewig ist, wie Glaube, Hoffnung, Liebe und Freude, um nur ein paar Dinge zu nennen. Der Gefangene, der zur Einzelhaft verurteilt wurde, der Patient, der die letzten Tage seines Lebens in einem einsamen Krankenhauszimmer verbringt, und der Schiffbrüchige, der auf einer fernen Insel gestrandet ist – sie alle entdecken, dass das, was ihnen einst so wichtig erschien, verblasst gegenüber der Sehnsucht, ihre geliebten Menschen noch einmal zu sehen.

Wir alle haben ein tiefes inneres Leben, egal ob wir uns dessen bewusst sind oder nicht. Das ist ein hoffnungsvoller Gedanke, denn wir können lernen, uns dieses Leben zu erschließen.

Wie gelangen wir in die Tiefe?

Wir suchen nach der Gegenwart Gottes in unserem tiefsten Inneren, wir wollen ihn dort erfahren und Gemeinschaft mit ihm haben. Indem wir seine reale Gegenwart in uns erschließen, empfangen wir die Kraft zum Überwinden. Wie der russische Mönch und Bischof Theophan der Klausner schrieb: „Man muss mit dem Verstand in das Herz hinabsteigen und dort vor dem Angesicht des Herrn stehen, der allgegenwärtig und alles sehend in uns ist."[58]

Das ist eines von den Zitaten, die uns sehr tief und geistlich erscheinen … aber wir wissen nicht wirklich, wovon hier gesprochen wird. Es scheint jenseits unseres Erfahrungshorizontes zu liegen, doch das muss meiner Meinung nach nicht so sein. Der zentrale Gedanke hier ist das Hinabsteigen. Wir lernen, uns in die Gegenwart Gottes in uns fallen zu lassen, uns seine Kraft dort zu erschließen.

Wenn Theophan uns rät, „mit dem Verstand in das Herz hinabzusteigen", so meint er mit „Verstand" unsere bewusste Aufmerksamkeit und mit „Herz" unser tiefstes Wesen, die „Tiefsee" also.

Der Psalmbeter ruft zu Gott aus seinem tiefsten Inneren heraus; dann richtet er seine Aufmerksamkeit ganz auf Gott:

Aus der Tiefe schreie ich zu dir, Herr!
Herr, höre meine Stimme,
schenk meinem lauten Flehen ein offenes Ohr!
Ich hoffe auf den Herrn,
ja, aus tiefster Seele hoffe ich auf ihn.
Ich warte auf sein rettendes Wort.
Von ganzem Herzen sehne ich mich nach dem Herrn –
mehr als die Wächter sich nach dem Morgen sehnen,
ja, mehr als die Wächter nach dem Morgen!

Psalm 130,1-2.5-6

Wächter beobachten den Horizont sorgfältig, denn von ihrer Aufmerksamkeit hängt ihr eigenes Leben ab und das der Menschen in der Stadt, die sie beschützen sollen. Der Psalmbeter verwendet eine Analogie aus seiner Welt, wenn er über die *ungeteilte Aufmerksamkeit* spricht, mit der wir Gott suchen sollen. Es ist etwas, dem wir unser ganzes Wesen widmen. (Es wird Ihnen bestimmt gefallen, dies zu erlernen, und vor allem werden Ihnen die Früchte gefallen, die es in Ihrem Leben hervorbringen wird.)

Zunächst einmal nehmen wir uns Zeit, um Gott unsere ungeteilte Aufmerksamkeit zu schenken (es wird immer einen Kampf um unsere Aufmerksamkeit geben). Der neue Gedanke besteht darin, dass wir unsere Aufmerksamkeit auf Gott-der-in-uns-lebt richten. Während wir die Welt um uns herum ausblenden und uns auf unser Herz einstimmen, werden wir uns der Gegenwart von Jesus-in-uns bewusst. Wir machen die Erfahrung, dass Gott uns tröstet. Die meiste Zeit über, ja fast die ganze Zeit, ist dieser Trost etwas, das wir in unserem Inneren erleben. Das mag durch ein tröstendes Wort oder einen Bibeltext vereinfacht werden, aber der Trost selbst findet *in* uns statt. Genau dann passiert es – wir haben uns auf das Wirken Gottes in uns eingestellt.

Gott zu finden beginnt immer damit, dass wir ihn lieben.

Beginnen wir also damit, dass wir Jesus lieben oder den Vater oder den Heiligen Geist in uns. *Ich liebe dich, Gott. Ich liebe dich, Gott. Ich liebe dich.* Lassen wir uns einfach darauf ein, in dem Wissen, dass wir es ganz ruhig angehen lassen können. *Ich liebe dich, Gott. Ich liebe dich, Gott. Ich liebe dich.* Indem wir dies tun, verlassen wir ganz bewusst die Ablenkungen der seichten Gewässer. Wir blenden sie aus; wir ignorieren sie gezielt. Wir lassen uns in die Tiefen unseres Inneren hinabfallen. Wenn wir Jesus-in-uns bewusst und zielgerichtet lieben, erlauben wir es seinem Geist, uns in die Gemeinschaft mit ihm hineinzuführen.

Weil unsere Aufmerksamkeit zu 99 Prozent der Zeit von den seichten und mitteltiefen Gewässern bestimmt ist, müssen wir uns von all diesen Ablenkungen befreien, um „hinabsteigen" zu können. Und hier kommt der wohltuende Abstand ins Spiel – wir lernen, alles und jeden in Gottes Hand zu legen. Diese Disziplin erkläre ich in meinem Buch *Wo die Seele atmen kann:*

> *Das Ziel ist also, Dinge, die uns belasten, loszuwerden, an Gott abzugeben und sie dann auch bei ihm zu lassen. Die Gefahr, dass wir im Gewirr des Alltags den Überblick verlieren, ist*

groß. Dann vergessen wir, Grenzen zu setzen, und lassen uns von anderen bestimmen, statt in aller Freiheit selbst zu entscheiden, was für uns gut ist.[59]

Legt alle eure Sorgen bei ihm ab, denn er sorgt für euch.

1. Petrus 5,7

Wir suchen also nach einem Weg, um etwas gesunde Distanz in unserem Leben zurückzugewinnen.

Gott zu finden beginnt immer damit, dass wir ihn lieben.

Es ist wirklich notwendig, dass wir innerlich immer wieder zu allen Nöten der ganzen Welt auf Abstand gehen und alle anderen Menschen samt allen Krisen, Verletzungen und Intrigen Gott überantworten. Jeden Tag müssen wir Zeiten einplanen, an denen wir uns bewusst von allem distanzieren. Alle Probleme dieser Welt, alles Leid, der jüngste Amoklauf, das letzte Erdbeben – unsere Seele ist nicht dafür angelegt, das alles zu ertragen. Grundsätzlich wurden wir nicht für so eine Welt geschaffen, wie wir sie jetzt erleben. Das ist alles viel zu tragisch. Die Kapazität unserer Seele ist begrenzt. Nur Gott kann die Last der ganzen Welt tragen, seine Kapazität ist grenzenlos. Das müssen wir uns jeden Tag neu klarmachen. …

Man braucht etwas Übung, um diesen inneren Abstand zu allem Schweren herzustellen. … „Gott, ich gebe dir alle Menschen und alle Themen, die mich belasten." Oft hilft er mir, hier konkreter zu werden. „Ich gebe dir die Verantwortung für das Wohl meiner Kinder", wenn ich mir Sorgen um die Kinder mache. „Bitte kümmere du dich um diese Besprechung." „Ich gebe dir die Verantwortung für dieses Buch." Während wir so im Gebet die Lasten bei Gott abzulegen versuchen, können wir an der Reaktion unserer Seele genau ablesen, ob es uns wirklich gelungen ist, innerlich loszulassen. Wenn wir direkt nach unserem Gebet immer noch über dieselben Probleme nachdenken, haben wir uns noch nicht wirklich von ihnen gelöst. Dann dürfen wir noch einmal von vorne anfangen und alle Dinge erneut Gott anbefehlen, so lange, bis wir spüren, dass die Last wirklich verschwunden ist.[60]

Es geht hier nicht darum, einen neuen Heiligenstatus zu erreichen. Wir machen nur eine Pause, wir lassen los, und wenn wir irgendwann den richtigen Dreh herausbekommen, werden wir immer besser im Loslassen an Gott und es gelingt uns auch besser, die Dinge bei ihm zu *be*lassen.

Hinabzusteigen, um Gott in uns zu finden, ist ein guter Anlass, bei dem wir das wohltuende Abstandnehmen üben können. Denn in diesem Moment verlangen wir nicht von unserer Seele, dass sie alles für immer loslässt, sondern dass sie dies nur für ein paar Augenblicke des konzentrierten Gebets tut. Ich vermute, dass Menschen mit einem reiferen Glauben dies bereits als ihren Lebensstil entdeckt haben, doch für unsere Zwecke genügt es, das Loslassen zu üben, um Gott in den Tiefen unseres Wesens zu finden.

Wir sollen alle unsere Sorgen bei ihm ablegen, wie 1. Petrus 5,7 uns auffordert. Wir lassen los, übergeben Gott die Kontrolle und ziehen uns von der Welt zurück, indem wir alles für ein paar Augenblicke in Gottes Hand legen.

Überlass mir alle Menschen und alle Themen, die dich belasten. So brachte Jesus mir das Loslassen bei. Ich wiederhole ihm gegenüber diesen Satz als Zeichen meiner Kooperation. *Ich überlasse dir alle Menschen und alle Themen, die mich belasten. Ich überlasse dir alle Menschen und alle Themen, die mich belasten.* Das ermöglicht mir, meine Aufmerksamkeit auf mein tiefstes Inneres zu richten.

Die meisten von uns sind nicht geübt darin, in ihrem tiefsten Inneren Kraft zu schöpfen, weil der Tumult und die Aufregung der Welt, in der wir leben, ständig an uns zerren, uns bedrängen und ablenken. Sie halten uns in jedem Augenblick an der Oberfläche unseres Lebens mit Gott. Doch mit etwas Übung können wir all das ausblenden und die schöne Gegenwart von Jesus-in-uns entdecken. Machen Sie sich beim Beten einmal bewusst: Wo *befindet* sich der Gott, zu dem Sie beten?

Beten Sie zu dem Herrn des Himmels weit oben?

Oder zu Jesus, der immer bei Ihnen ist und Ihnen zur Seite steht?

Oder beten Sie zu dem Jesus, der genau jetzt in der Tiefe Ihres Herzens lebt? Zu dem Gott, der in Ihnen wohnt?

Wenn Sie nach tieferen Ressourcen suchen, dann müssen Sie tief in Ihrem Inneren nachschauen. Johannes vom Kreuz hat ein schönes Gedicht über einen Engel geschrieben; dieser kommt zu einem Mann, der sich in einer verzweifelten Notlage befindet. Der Engel führt ihn an einen bestimmten Ort in einem Wald und fordert ihn auf zu graben. Der Mann findet einen verborgenen Schatz. Johannes beendet sein Gedicht mit den Worten des Engels: „Grabe hier, in deiner Seele."

Wir bitten den Heiligen Geist, uns dabei zu helfen.

> *Uns aber hat Gott dieses Geheimnis durch seinen Geist enthüllt – durch den Geist, der alles erforscht, auch die verborgensten Gedanken Gottes. Nur Gottes Geist ist dazu imstande. Denn genauso, wie die Gedanken eines Menschen nur diesem Menschen selbst bekannt sind – und zwar durch den mensch-*

lichen Geist –, genauso kennt auch nur der Geist Gottes die Gedanken Gottes; niemand sonst hat sie je ergründet.

1. Korinther 2,10-11

Und auch der Geist Gottes tritt mit Flehen und Seufzen für uns ein; er bringt das zum Ausdruck, was wir mit unseren Worten nicht sagen können. Auf diese Weise kommt er uns in unserer Schwachheit zu Hilfe, weil wir ja gar nicht wissen, wie wir beten sollen, um richtig zu beten. Und Gott, der alles durchforscht, was im Herzen des Menschen vorgeht, weiß, was der Geist mit seinem Flehen und Seufzen sagen will; denn der Geist tritt für die, die zu Gott gehören, so ein, wie es vor Gott richtig ist. *Römer 8,26-27*

Ich bete immer ungefähr Folgendes:

Heiliger Geist, hilf mir hinabzusteigen.
Hilf mir, Christus in mir zu finden.
Hilf mir, Christus in mein tiefstes Inneres hinabzufolgen.
Bitte lass mich dort Gemeinschaft mit dir haben.

Auch unsere Körperhaltung kann uns dabei helfen, vor allem am Anfang. Sobald wir uns daran gewöhnt haben, können wir uns darin üben, an fast allen Orten tief in uns einzutauchen – im Bus, im Flugzeug, sogar während einer Besprechung. Am Anfang jedoch kann es hilfreich sein, sich an einen ruhigen Ort zu begeben und eine Körperhaltung einzunehmen, die es uns erleichtert, unsere Aufmerksamkeit nach innen zu richten. Ich selbst sitze gern auf meinem Lieblingssessel oder ich lehne mich an ihn, während ich auf dem Boden sitze, die Arme um meine Knie schlinge und den Kopf beuge, sodass ich fast eine Art Embryonalhaltung einnehme. Das hilft mir, die Welt um mich herum wirklich auszublenden und meine Aufmerksamkeit hinab in mein inneres Leben zu lenken.

Während wir uns daran gewöhnen, Gott-in-uns unsere Aufmerksamkeit zu schenken, lieben wir ihn einfach weiter, was es unserem inneren Wesen ermöglicht, uns der Realität seiner Gegenwart zu öffnen. *Ich liebe dich, ich liebe dich, ich liebe dich.*

(An dieser Stelle möchte ich darauf hinweisen, dass es für die meisten von uns eine neue Erfahrung ist, Jesus für längere Zeit unsere ungeteilte Aufmerksamkeit zu schenken. Denn heutzutage schenken wir in der Regel nichts und niemandem für längere Zeit unsere ungeteilte Aufmerksamkeit. Allein diese Übung wird allmählich unsere Fähigkeit stärken, unsere Aufmerksamkeit bewusst zu steuern, was an sich schon etwas Gutes ist. Mit der Zeit entwickeln wir so eine mentale Resilienz.)

Für mich begann das Ganze folgendermaßen:

Ich nahm mir ganz normal eine Zeit des Gebets und des stillen Nachdenkens, wobei ich versuchte, meine Aufmerksamkeit auf Jesus zu richten. Sobald ich ihn „gefunden" und mich auf seine Gegenwart eingestellt hatte, schien er sich von mir zurückzuziehen. Es war, als ob er vor mir zurückwich oder sich tiefer nach innen zurückzog. Zuerst verunsicherte mich das. Warum zog mein Herr sich zurück, wenn ich mich ihm nähern wollte?

Doch statt zu resignieren und zu zweifeln – das schreckliche kleine „Ich habe es ja gleich gewusst" steckt in uns allen –, fragte ich ihn, was da vor sich gehe. Jesus antwortete *Folge mir.* Da wusste ich, dass er mich tiefer in mein eigenes Inneres hineinführen wollte, damit ich dem verrückten Treiben der seichten Gewässer und dem Kummer der mitteltiefen entkam und zu einer tieferen Erfahrung seiner Gegenwart in mir gelangte.

Seien wir barmherzig mit uns selbst. Oft schon befand ich mich in echter Gemeinschaft mit Gott-in-mir, als ich plötzlich durch irgendeine Ablenkung oder einen Kummer in die seichten oder mitteltiefen Gewässer zurückgezogen wurde. Lassen Sie sich dadurch nicht betrüben; es passiert recht häufig. Die ganze Welt ruft ständig nach uns und versucht, unsere Aufmerksamkeit auf sich zu ziehen. Und wir sind es nicht gewohnt, uns längere Zeit auf Gott zu konzentrieren. Seien wir also barmherzig mit uns selbst, indem wir schlicht feststellen: *Oh, ich wurde wieder an die Oberfläche gezogen.* Und dann tauchen wir einfach wieder hinab.

Was aber finde ich, wenn ich Jesus-in-meiner-Tiefe finde?

Eine ganz und gar von Güte geprägte persönliche Zuwendung, die sich an meine in diesem Augenblick vorhandenen Bedürfnisse richtet.

Wir finden Liebe. Oft machen wir ganz einfach nur die Erfahrung, geliebt zu werden, Gottes Liebe zu uns zu erleben. Es genügt, wenn wir an diesem Punkt verweilen. (Wenn es mir schwerfällt „hinabzusteigen", folge ich oft den Spuren der Liebe. Ich finde heraus, wo in mir die Sehnsucht nach Liebe liegt, und dann folge ich dieser Spur zu Jesus, so wie Hänsel und Gretel anfangs der Spur der kleinen weißen Steine folgen und nach Hause finden. Der Weg führt zu Jesus, der immer dort wohnt, wo sich tief in uns die Liebe befindet.)

Bei anderen Gelegenheiten hat Jesus mir gezeigt, wie ich meine Sehnsucht nach Hoffnung finde (auch sie ist nicht außerhalb unserer Reichweite) und wie ich ihr hinab in mein Innerstes folgen kann.

Wenn wir mit der Gegenwart Gottes in uns Gemeinschaft haben, können wir die Kraft zum Überwinden empfangen. Seine wunderbare Resilienz steht uns immer zur Verfügung. Allein schon das Verweilen in der Gegenwart von Jesus-in-uns wird uns stärken. Die Gemeinschaft ist der springende Punkt. Doch denken wir daran: Dass diese Geschenke übernatürlicher Art sind, heißt nicht, dass sie besonders spektakulär sind. Es geht hier nicht um Feuerwerk und Explosionen. Gott ist behutsam. Seine Liebe und Kraft zu empfangen ist oft eine sanfte Erfahrung.

Manchmal stellen wir fest, dass Gott uns etwas sagen oder

zeigen möchte. Dann sollten wir ihm unsere Aufmerksamkeit schenken.

Heiliger Geist, hilf mir hören, was Jesus mir sagen will.
Heiliger Geist, hilf mir sehen, was Jesus mir zeigen will.

Ich hatte auf diese Weise schon Hunderte schöner Begegnungen mit Jesus. Er hat mir die neue Erde gezeigt. Deren Schönheit und Jesu endgültigen Sieg zu sehen, war allein schon heilsam und schenkte mir neue Zuversicht. Er hat mir auch die Stadt Gottes gezeigt, die mit Lachen und Freude erfüllt ist. Das verstärkte meine Sehnsucht, dort zu sein.

Lassen wir uns also einfach auf das ein, was Jesus tut. Jede dieser Erfahrungen ist einzigartig.

Kraftquelle
Hinabsteigen und Jesus-in-mir finden

Suchen Sie sich einen ruhigen Ort. In einem belebten Haus kann dies auch das Badezimmer oder ein kleiner Abstellraum sein, weil Sie dann die Tür schließen können. Nehmen Sie Ihr Smartphone nicht mit. Falls Sie es doch brauchen, um einen Timer zu stellen oder ruhige Musik zu hören, schalten Sie es in den Flugmodus. Nehmen Sie eine bequeme Körperhaltung ein, indem Sie zum Beispiel ihre Knie anziehen und die Arme um sie schlingen. Ich empfehle Ihnen nicht, sich hinzulegen, weil Sie dann einschlafen könnten (wir sind alle so erschöpft). Manchmal hilft eine gemütliche Decke, um sich „einzugewöhnen".

Ich lasse gelegentlich eine ruhige Instrumentalmusik im Hintergrund laufen, aber wirklich nur als Hilfe, um eine heilige Atmosphäre zu schaffen, nicht als etwas, das meine Aufmerksamkeit erfordert. Keine Texte – nur eine sanfte, ruhige Instrumentalmusik.*

Beginnen Sie mit einem einfachen Gebet:

Jesus, ich sehne mich nach deiner Gegenwart. Hilf mir, Gemeinschaft mit dir zu haben dort, wo du in mir lebst.

Wiederholen Sie dies mehrmals. Bei dieser Art von Gebet ist das wirklich hilfreich. Ich selbst wiederhole diese Sätze häufig, während ich versuche, mich einzustimmen.

Während Sie innerlich ruhig werden, üben Sie sich im wohltuenden Abstandnehmen.

Jesus, ich gebe dir alle Menschen und alle Themen, die mich belasten.

Ich gebe dir alle Menschen und alle Themen, die mich belasten.

Wiederholen Sie das mehrmals. Wenn etwas Sie immer wieder ablenken will, übergeben Sie das spezielle Problem Gott:

Ich gebe dir meine Kinder, meine Arbeit, diese E-Mail.

Doch lassen Sie sich nicht von einer ganzen Liste solcher Themen gefangen nehmen. Ignorieren Sie die seichten Gewässer und stellen Sie sich immer wieder neu auf Jesus-in-Ihnen ein. Bitten Sie den Heiligen Geist um Hilfe.

Heiliger Geist, hilf mir hinabzusteigen.

Hilf mir, Christus in mir zu finden.

Hilf mir, Christus hinunter in mein tiefstes Inneres zu folgen.

Ich bitte dich um Gemeinschaft dort mit dir.

Beginnen Sie Jesus oder den Vater oder den Heiligen Geist *in Ihnen* zu lieben (schauen Sie nicht auf den Herrn dort oben oder Christus an Ihrer Seite, sondern schauen Sie nach innen).

Ich liebe dich, Gott. Ich liebe dich, Gott. Ich liebe dich.

Gewöhnen Sie sich allmählich daran, machen Sie sich klar, dass Sie es langsam angehen wollen.

---

* „Soaking in His Presence" von William Augusto ist hier eines meiner Lieblingslieder.

Ich liebe dich, Gott. Ich liebe dich, Gott. Ich liebe dich.

Machen Sie sich Jesus-in-Ihnen bewusst und folgen Sie ihm weiter in die Tiefe. Seien Sie offen für das, was er tun möchte. Das kann ein Trost sein, ein Wort Gottes oder er will Ihnen vielleicht etwas zeigen. Überlassen Sie ihm die Führung.

Das ist keine normale Gebetszeit. Fangen Sie nicht an, für die Sorgen zu beten, die Sie in den mitteltiefen Gewässern beschäftigen. Beten Sie auch nicht für andere Menschen. Diese kostbare Zeit ist nur für eines gedacht – Ihre Gemeinschaft mit Gott. Während Sie dort verweilen, bitten Sie Gott um seine wunderbare Kraft:

> *Vater, Jesus, Heiliger Geist, erfülle mein tiefstes Inneres mit deiner Herrlichkeit. Erfülle mich mit deiner Herrlichkeit, Herr. Erfülle mich mit dem Fluss des Lebens in meinem tiefsten Innern. Lass den Fluss in mir fließen. Schenk mir die Kraft zum Überwinden. Erfülle mich mit deiner wunderbaren Kraft. Ich bitte dich um die übernatürliche Resilienz.*

Müde Menschen treffen gefährliche Entscheidungen

Der Sturz selbst dauerte nur wenige Sekunden.

Am 30. Mai 2002 befanden sich vier Bergsteiger, die aneinander angeseilt waren, im Abstieg vom Mount Hood im US-Bundesstaat Oregon. Sie benutzten Eispickel und Steigeisen. Den zermürbenden fünfstündigen Aufstieg hatten sie mit High Fives auf dem Gipfel beendet. Nun wurde es Zeit für den Rückweg. Aus unerfindlichen Gründen beschloss die Truppe, ihre feste Absicherung – ihren Sicherheitsanker sozusagen – herauszuziehen und nur aneinander angeseilt den Berg herunterzusteigen. Auf diese Weise konnten die müden Männer nur mithilfe ihrer Steigeisen an kleinen Punkten auf dem Eis Halt finden.

Und da passierte es: Der oberste Kletterer rutschte ab und fiel. Zwischen ihm und seinem nächsten Teamkollegen befand sich ein Seil von mehr als zehn Metern Länge. Das bedeutete, dass er über zwanzig Meter weit stürzte, bevor sich das Seil spannte. (Das ist so, als würde man aus dem siebten Stock stürzen.) Er hatte eine Geschwindigkeit von fast fünfzig Stundenkilometern erreicht, als er seinen Gefährten mit sich riss. Die Kraft und Geschwindigkeit vervielfältigte sich von da aus mit unwiederbringlichen Folgen. Alle vier Bergsteiger fielen in die Tiefe. Bei ihrem Sturz in die Gletscherspalte wurden noch zwei weitere Teams von diesem Gewirr aus Seilen und Menschen mit fortgerissen. An jenem Tag starben drei Bergsteiger.

Warum nur waren die Männer bei ihrem Abstieg ein solches Risiko eingegangen? Laurence Gonzales schreibt dazu in seinem Buch Deep Survival*:*

> *Die meisten Bergsteiger erreichen den Gipfel müde, dehydriert, mit Sauerstoffmangel, unterzuckert und manchmal auch unterkühlt. Schon ein einziger dieser Faktoren würde genügen,*

um die geistigen und körperlichen Fähigkeiten deutlich zu verringern. Zusammengenommen aber lassen sie einen unbeholfen, unvorsichtig und unfallgefährdet werden. Sie beeinträchtigen unser Urteilsvermögen.[61]

Kapitel 9

Ihr persönliches Rezept für mehr Resilienz

Wenn der Menschensohn kommt, wird es mit dem Himmelreich wie mit zehn Brautjungfern sein, die ihre Fackeln nahmen und dem Bräutigam entgegengingen. Fünf von ihnen waren töricht, und fünf waren klug. Die Törichten nahmen zwar ihre Fackeln mit, aber keinen Ölvorrat. Die Klugen dagegen hatten außer ihren Fackeln auch Gefäße mit Öl dabei. Als sich nun die Ankunft des Bräutigams verzögerte, wurden sie alle müde und schliefen ein. Mitten in der Nacht ertönte plötzlich der Ruf: „Der Bräutigam kommt! Geht ihm entgegen!" Die Brautjungfern wachten alle auf und machten sich daran, ihre Fackeln in Ordnung zu bringen. Die Törichten sagten zu den Klugen: „Gebt uns etwas von eurem Öl; unsere Fackeln gehen aus."
Matthäus 25,1-8

Ich schätze, bei den meisten Leserinnen und Lesern wirft dieses Gleichnis beunruhigende Fragen auf: Jemand wird nicht zum Hochzeitsfest im neuen Garten Eden zugelassen, weil er kein *Olivenöl* mehr hat? Was bedeutet das? Und wie können wir eine solche Situation vermeiden?

So manches Mal hat Jesus seine Gleichnisse erklärt. Das ist bei diesem jedoch nicht der Fall. Ich finde das spannend, weil dieses Gleichnis zu denen gehört, die Jesus direkt nach seinen vorletzten Warnungen vor der Endzeit erzählt hat. Vielleicht *wollte* er ja, dass wir beunruhigt sind, dass wir uns aufrecht hinsetzen und genau zuhören.

Was auch immer das Gleichnis von den zehn Brautjungfern bedeutet, es will uns auf jeden Fall auf eines hinweisen: Wir tun gut daran, unsere Liebe und Hingabe Jesus gegenüber, unsere Gemeinschaft mit ihm, immer wieder zu erneuern. Wir sollten sicherstellen, dass uns die Liebe und Hingabe und die Resilienz, die Gott-in-uns schenkt, nicht ausgehen, bevor er wiederkommt.

Denn meiner Meinung nach steht das Öl symbolisch für Gott-in-uns.

In der Bibel wird der Heilige Geist immer mit Öl in Verbindung gebracht. Wir wissen, dass wir vom Geist erfüllt sein sollen, von der Gegenwart Gottes. Wenn wir hier noch den Gedanken ergänzen, den C. S. Lewis einmal geäußert hat – dass Gott der Kraftstoff ist, mit dem die menschliche Seele angetrieben wird –, dann ergibt dieses Gleichnis, so denke ich, einen Sinn.

> *Gott hat uns erschaffen, hat uns erfunden, wie ein Mensch eine Maschine erfindet. Ein Auto ist so gebaut, dass es Benzin braucht; mit etwas anderem würde es nicht vernünftig laufen. Nun hat Gott die menschliche Maschine so konstruiert, dass sie mit ihm läuft. Er selbst ist der Kraftstoff, den unser Geist verbrennen soll, oder die Speise, von der unser Geist sich nähren soll.*[62]

Aber natürlich – Gott ist die Quelle des Lebens. Wir sind nur leere Gefäße, die eine Quelle des Lebens brauchen. Es ist Jesus-in-uns, der uns Resilienz schenkt. Was den unglückseligen Brautjungfern passierte, ist, dass ihnen Gott ausging! Sie sorgten nicht dafür, dass sie von Gott erfüllt waren, und als die Nacht sich hinzog, hatten sie keinen Vorrat mehr.

Deshalb sollten wir dafür sorgen, dass wir von Gott erfüllt sind. Das erfordert ein *bewusstes* Vorgehen, so viel macht das Gleichnis deutlich.

Wenn wir einmal zusammenfassen, was wir bisher an Themen

bedacht haben, ergibt sich nach unserem Wissen folgende Situation:

1. Durch unser jahrelanges Leben in der Komfortkultur wurden wir verweichlicht, geschwächt und unserer Resilienz beraubt. (Zum Teil bestanden unsere größten Krisen darin, dass es eine lange Schlange im Supermarkt gab oder der Akku unseres Smartphones leer war.)
2. Dann kamen das globale Trauma der Pandemie, Naturkatastrophen und Krieg – mit den damit verbundenen gesellschaftlichen Belastungen. Folglich sind wir ausgelaugt und zermürbt.
3. Wir befinden uns in der Erholungsphase von unserem Trauma und sind schon mitten im nächsten. Dies sollten wir ernstnehmen. So zu tun, als sei alles wieder wie vorher oder könnte wie vorher werden, ist eine Illusion.
4. Darum sind wir in einer besonders verwundbaren Lage. Verzweiflung und andere zerstörerische Kräfte wollen uns dazu bringen, den Mut zu verlieren, unseren Glauben aufzugeben oder unser Herz mit etwas anderem zu trösten als mit Gott.

Jesus fordert uns eindringlich auf, Durchhaltevermögen und Resilienz zu erwerben. In ihm ist dies alles verfügbar. Aber es geschieht nicht von selbst. Wir müssen die Kraft zum Überwinden ergreifen.

Wie also sieht Ihr Plan zum Durchhalten aus? Denn einen Plan brauchen wir auf jeden Fall. Die Resilienz und der Sieg stellen sich nicht ein, indem wir einfach über unser Display wischen.

Allerdings kann es so einfach sein wie die folgende Kursänderung:

Die Welt spielt tatsächlich verrückt.
Aber ich lasse mich da nicht mit hineinziehen.

Ich ändere mein Leben so, dass ich mich erholen und Resilienz erwerben kann. Das ist mein neuer Kurs.

Die Resilienz und der Sieg stellen sich nicht ein, indem wir einfach über unser Display wischen.

Eigentlich tun wir Menschen so etwas die ganze Zeit – wir passen unser Leben an, weil ein Kind geboren wird, eine berufliche Veränderung ansteht, wir einen Schulabschluss oder ein bestimmtes Ziel anstreben, oder ganz einfach nur, weil wir wieder mehr Rad fahren wollen. Wenn wir alles bedenken, was wir in diesem Buch bisher besprochen haben, möchte ich an dieser Stelle vorschlagen, unser Leben so anzupassen, dass wir uns von der Vergangenheit erholen und Resilienz für die Zukunft aufbauen.

Allerdings gibt es hier einen Haken.

Einerseits möchte ich gerne Vorschläge machen, die ich wirklich für hilfreich halte. Andererseits ist mir klar, dass die meisten Leute das Gefühl haben, keine weiteren Spielräume mehr zu besitzen – emotional, mental oder in anderen Bereichen. Das Letzte, was ich möchte, ist, Ihnen weitere Lasten aufzubürden.

Darum will ich zunächst etwas vorausschicken. Wenn Sie sich Erholung und Resilienz wünschen, aber nicht viele Kapazitäten haben, dann möchte ich Ihnen zumindest zwei Dinge ans Herz legen:

1. ***Erneuern Sie Ihre Liebe und Hingabe Jesus gegenüber.*** Nehmen Sie sich jeden Tag Zeit, ihn zu lieben. Das vertieft Ihre Gemeinschaft mit ihm und ermöglicht es Ihnen, aus der Quelle von Jesus-in-Ihnen zu schöpfen. Es ist eigentlich ganz einfach, und doch verbringen die meisten Leute keine fünf Minuten am Tag damit, Jesus schlicht zu lieben. Sie wissen nicht, was ihnen dadurch entgeht.

2. ***Schaffen Sie sich Freiräume in Ihrem Leben, damit Ihre Seele Luft zum Atmen bekommt.*** Sie können nicht immer weiter malochen; sie brauchen Zeit zur Erholung und zum Aufbau Ihrer Resilienz. Beginnen Sie mit fünf bis zehn Minuten morgens und abends. Mit ein paar Abenden pro Woche, an denen Sie nichts vorhaben. Mit ab und zu einem freien Tag.

Innerhalb dieses Rahmens, in dem Freiraum, den Sie sich geschaffen haben, bitten Sie Gott um seine übernatürlichen Geschenke. Bitten Sie um die enge Bindung zu ihm, die Kraft zum Überwinden, die Herrlichkeit Gottes, den Fluss des Lebens. Begeben Sie sich in Ihr tiefstes Inneres und haben Sie dort Gemeinschaft mit Jesus. Ich verspreche Ihnen, dass diese beiden Maßnahmen Ihr Leben spürbar verändern werden.

Gemeinsam mit meinem Team habe ich eine (englischsprachige) App entwickelt, die Ihnen bei diesen einfachen Übungen helfen soll. Darin gibt es einen Bereich, der „30 Days to Resilience“ (In 30 Tagen zur Resilienz) heißt. Sie werden hier auf eine schöne Weise angeleitet, morgens, mittags und abends eine Pause einzulegen, um sich neu auf Jesus auszurichten, zu beten, Bibeltexte vorgelesen zu bekommen und auszuruhen, während Sie schöne Musik hören. Das dauert nur wenige Minuten, ist aber ungeheuer erfrischend. Probieren Sie es einfach aus! Die „One Minute Pause“-App können Sie sich kostenlos in Ihrem App Store herunterladen.

Wenn Sie es mit Ihrer Resilienz jedoch noch etwas ernster meinen, möchte ich Ihnen ein zweiteiliges Rezept dafür weitergeben. Der erste Teil befasst sich mit der praktischen Frage nach dem Lebensstil, der Ihnen dabei hilft, sich von dem Trauma zu erholen, das wir alle nicht nur während der Pandemie, sondern im Verlauf jedes Menschenlebens erfahren haben. Der zweite Teil gräbt ein bisschen tiefer und fragt danach, wie wir Resilienz entwickeln können – die inneren Ressourcen, mit denen wir künftige Herausforderungen bewältigen.

Teil eins: Erholung bewusst anstreben

Jeder Profisportler wird Ihnen sagen, dass nicht die körperlichen Anstrengungen der wichtigste Teil des Trainings sind, sondern die Erholungsphasen. Der häufigste Grund für Sportverletzungen ist mangelnde Erholungszeit zwischen den Trainingseinheiten.[63]

Ich möchte dies gerne noch einmal wiederholen, weil dieser Gedanke so ganz entgegen unserer Intuition ist: Die Erholung ist für die sportliche Leistung wichtiger als das Training. Unser Körper muss sich zwischen den Phasen der Anstrengung ausruhen und regenerieren. „Wenn wir nicht alle Gruppen der Muskulatur zur Ruhe kommen lassen, schmälern wir dadurch unsere Fähigkeit, uns zu regenerieren. Ein Mangel an Ruhe verlangsamt außerdem unsere Fortschritte im Bereich der Fitness und erhöht das Risiko für Verletzungen."[64]

Das ist sehr aufschlussreich. Es ist der körperliche Ausdruck einer Realität, die auch für unser Herz und unsere Seele gilt. Wir könnten wahrscheinlich vorhersagen, wer einen Burn-out erleidet und wer nicht, indem wir die Erholungspraktiken der jeweiligen Person beobachten.

Doch die meisten Leute nehmen das Thema Erholung nicht ernst. Sie sind einfach nur schockiert und deprimiert, wenn ihre

Seele plötzlich aufgibt wie ein Kamel, das nach einem Tausend-Meilen-Marsch zusammenbricht. Wie aber können Sie die Erholung zu einem Bestandteil Ihres Tagesablaufs machen? Wie sieht Ihr Plan diesbezüglich aus?*

Zur Heilung unseres Traumas gehört außerdem, dass wir es als solches benennen und auch die Folgen, die es für uns hat. Durch diese „Biografiearbeit" führt jeder gute Therapeut seine Klienten, indem er sie fragt: Was ist geschehen? Wie war das? Erzählen Sie mir die ganze Geschichte. (Dieser „narrative Ansatz" hilft bei der Verarbeitung von Traumata und programmiert unser Gehirn neu.)[65]

Ende Dezember 2020 machten viele unserer Freunde Pläne und setzten sich Ziele für das bevorstehende neue Jahr. Diese Zeit war mit viel Vorfreude verbunden. Nicht selten hörte man damals den Satz: „Ich bin froh, wenn 2020 vorbei ist." Doch dann stellte sich heraus, dass 2021 in den meisten Teilen der Welt ganz ähnlich wie 2020 aussehen würde. Dennoch klammerte man sich an jedes bisschen Optimismus, das noch übrig blieb.

Mir gelang das nicht. Normalerweise freue ich mich auf das neue Jahr und habe so manche Träume. Doch dieses Mal wollte meine Seele einfach nicht mitmachen. Das hatte mit *Trauer* zu tun.

Im Jahr 2020 hatte ich so viele Verluste und so viel Kummer durchlitten, dass ich nicht einfach weitermachen konnte, ohne mich damit zu beschäftigen. Ich musste mich mit einem Blatt Papier hinsetzen und das, was ich erlitten hatte, in Worte fassen, so als würde ich mit einem Therapeuten über ein traumatisches

---

* In vielerlei Hinsicht ist dieses Buch Teil 2 der Überlegungen zum Thema Resilienz und Heilung unseres Menschseins. Teil 1 hat den Titel *Wo die Seele atmen kann. Wege zur Entschleunigung.* Dieses Buch gibt viele praktische Hinweise, wie wir uns erholen können; dazu gehören so einfache Dinge wie zum Beispiel: Pausen in den Tagesablauf einzuplanen, unserer Seele eine Übergangszeit zwischen verschiedenen Aktivitäten zu gönnen und die heilende Kraft der Natur und des Schönen zu erkennen.

Ereignis reden. Ich musste meine Verluste einen nach dem anderen benennen. Es war nötig, dass ich meiner Seele Respekt zollte, indem ich mir die Tatsache eingestand, dass es sich hier *wirklich* um Verluste handelte (was schwierig ist, wenn es allen anderen Leuten anscheinend „gut" geht). Ich musste also meinen Kummer benennen und dann darüber trauern, es der Traurigkeit erlauben, dass sie an die Oberfläche kam und ihren Ausdruck fand.

Man kann kein Trauma heilen, wenn man nicht trauert. Darum ist es ja so grausam für unsere Seele, wenn alle dem hinterherrennen, was ihnen Freude bringen soll, und alle Welt darauf besteht, dass „alles wieder normal wird". Es ist der gemeinsame Versuch, die Dinge unter den Teppich zu kehren. Doch das Problem ist, dass ein erheblicher Teil unserer Seele dabei mitgeht. Nämlich unter den Teppich.

Darum möchte ich an dieser Stelle zweierlei vorschlagen:

1. ***Schauen Sie im Rückblick, wie diese Jahre für Sie gewesen sind (oder noch sind).*** Nennen Sie Ihre Verluste beim Namen, die Ängste, die Ursachen für Ihren Zorn und Ihre Frustration. Stellen Sie sich vor, ich sei Ihr Therapeut und hätte Sie gerade gefragt:
   Wie war das für Sie?
   Was ist schwer gewesen?
   Was hat Sie zornig gemacht?
   Von welchem Ereignis hätten Sie sich gewünscht, es wäre nie passiert?
   Legen Sie alles auf den Tisch. Erkennen Sie es an. Betrauern Sie es.

2. ***Achten Sie auf den gegenwärtigen Zeitpunkt.*** Es ist viel besser, dies in Echtzeit zu tun – beschreiben Sie, wie es sich im Moment für Sie anfühlt, was von Ihnen gefordert wird, welchen Einfluss das auf Ihre Seele hat. Bleiben Sie immer auf dem

Laufenden in Bezug auf das, was es kostet, in einer Zeit wie dieser zu leben. Wenn Sie ein Herz für andere haben, wenn Sie das Mitgefühl Jesu für die Menschen, die Gesellschaft und die ganze Schöpfung teilen, dann erleben Sie in einer Zeit wie dieser großen Kummer. Sorgen Sie für Ihre Seele, indem Sie für diese Situation Worte finden. Tun Sie nicht so, als ob alles in Ordnung wäre.

Übrigens finden wir hierfür in den Psalmen ein Vorbild: David und die anderen Verfasser rufen zu Gott und beschreiben ohne jede Beschönigung, was um sie herum oder in ihnen geschieht und wie sie sich dabei fühlen. Lesen Sie hierzu zum Beispiel die Psalmen 6, 13 und 42. Lassen Sie sich von ihnen zur emotionalen Gesundheit hinführen.

Praktizieren Sie außerdem wohltuenden Abstand – übergeben Sie alles Jesus, an jedem einzelnen Tag. Wenn die Welt immer verrückter wird und alles Unangenehme verdrängt, merke ich, wie mich das immer mehr aufregt. Darum sagt Jesus ständig zu mir: *Überlass alles mir.*

Ja, Herr, ich gebe alles an dich ab. Nur du kannst retten.

Die Reserven auffüllen

Ihr Plan sollte auch beinhalten, sich so anzupassen, dass Sie Ihre Reserven auffüllen können.

Wir erinnern uns: Unsere Reserven greifen wir an, um durchzuhalten. Selbst für schöne Ereignisse wie eine Hochzeit und die Geburt eines Kindes brauchen wir unsere Reserven. Wir haben alle durchgehalten; wir mussten alle aus unseren Kraftvorräten schöpfen. Nun ist es an der Zeit, dass wir uns um sie kümmern.

Die Rechnung ist einfach: Reserven werden nur dann aufgefüllt, wenn mehr *herein*kommt als *hinaus*geht.

So funktioniert das. Darum fühlen sich die Leute besser, wenn sie aus dem Urlaub zurückkommen, und wer eine echte Auszeit genommen hat, wie zum Beispiel eine Sabbatzeit, der ist fast wie ein neuer Mensch. Unsere Reservetanks füllen sich jedoch nicht automatisch, ebenso wenig wie bei unserem Auto. Sie werden vor allem dann nicht voller, wenn wir alles verbrennen, nur um unser „normales" Leben aufrechterhalten zu können. Darum müssen wir einen *Plan* für unsere Erholung und den Aufbau unserer Resilienz erstellen.

Wir sollen also dafür sorgen, dass es Zeiten gibt, in denen mehr hereinkommt als hinausgeht.

Egal, wie groß Ihre Leistungskraft im Moment ist – ob 40, 60 oder 95 Prozent Ihrer vollen Kapazität: Auf sie sollten Sie Ihre Aufmerksamkeit richten. Sie müssen Ihre Aktivitäten zurückfahren, damit Ihre Reserven wieder aufgefüllt werden können.

Ich höre bereits die Einwände: *Aber Sie haben ja keine Ahnung, wie mein Leben aussieht! Sie wissen nicht, was mein Chef von mir verlangt! Was meine Kinder gerade brauchen!* Das kann ich gut verstehen. Wir sind alle unter Druck, manche von uns mehr als andere. Aber auch dem können wir Rechnung tragen.

Wir verbrennen so viel von unserer emotionalen, mentalen und geistlichen Energie nur durch Sorgen, Wut, allgemeine Verunsicherung und indem wir zu viele belastende Nachrichten aus der ganzen Welt in uns aufnehmen. Stellen wir uns eine Zockerin vor, die vor einem Spielautomaten steht und immer wieder, ohne groß nachzudenken, eine Münze nach der anderen hineinwirft. Bald schon hat sie nichts mehr im Portemonnaie und ihre Zockerei hat ihr auch nichts eingebracht. Die gesellschaftlichen Dramen dieser Welt sind der Spielautomat und die Münzen stehen für unsere persönlichen Ressourcen. Wir geben alles aus wie die Zockerin, solange wir uns nicht entscheiden wegzugehen.

Aber genau das können wir tun. Wir können uns umdrehen und weggehen. Ohne dass wir dafür einen Tag freinehmen oder einen idealen Terminplan haben müssen. Wir können von all dem weggehen, was uns momentan auszehrt.

Also bitte ich Sie: Üben Sie sich im wohltuenden Abstandnehmen.

Wir sollten in unserem Wochen-, Monats- und Jahresrhythmus Zeiten festlegen, in denen wir *bewusst* unterhalb unserer Kapazität arbeiten, damit wir unsere Reserven auffüllen können. Das muss nicht auf unseren Urlaub begrenzt sein. Wir können solche Zeiten in den Rhythmus unseres Lebens einbauen. Welche Abende haben Sie jede Woche in Ihrem Kalender blockiert? Es sollten mehrere sein, an denen Sie keine Aktivität und keine festen Pläne haben. Schalten Sie Ihr Handy aus und lassen Sie einfach die Seele baumeln.

Gott hat einmal pro Woche einen Sabbat angeordnet, wie auch immer wir diesen gestalten. Ich denke, wir können nun erkennen, wie brillant dieses Gebot ist. Wir brauchen Freiräume, um wieder aufzutanken, Freiräume, die so geschützt sind, dass man sie als heilig bezeichnen kann – unantastbar und unverhandelbar.

Ich selbst habe einen einfachen (und sehr verlässlichen) Weg gefunden, um in meinem Leben Zeit zum Aufatmen zu finden: Ich lege Jesus die Pläne vor, die ich für mein Leben habe.

- Muss ich wirklich meine Eltern zum Essen einladen?
- Muss ich wirklich dieses Wochenende den Abstellraum neu streichen?
- Muss ich diese oder jene Person wirklich noch heute Abend zurückrufen?

Wir brauchen Freiräume,
um wieder aufzutanken,
Freiräume, die so geschützt sind,
dass man sie als heilig bezeichnen kann –
unantastbar und unverhandelbar.

Ehrlich gesagt bin ich immer wieder überrascht, wie vieles ich für absolut notwendig und unvermeidbar hielt – aber wenn ich Jesus danach fragte, befreite er mich von dem Druck. Ich musste den Anruf nicht unbedingt an dem Abend erledigen. Ich musste das Projekt nicht an dem Wochenende in Angriff nehmen. Ich musste mich nicht mit den Problemen eines anderen Menschen beschäftigen, auch wenn ich den Eindruck hatte, dass es nötig wäre.

Jesus hat mir immer wieder Freiräume in meinem Leben eröffnet, die ich nicht für möglich gehalten habe. Und in diesen Freiräumen konnte ich mich erholen und meine Reserven auffüllen.

Spielen ist überraschend wichtig

Als die Pandemie und mit ihr die täglichen Todeszahlen und sozialen Spannungen ihren Höhepunkt erreichten, schenkte Gott mir eine überraschende Quelle der Erholung.

Spikeball.

Dabei handelt es sich um ein Spiel mit vier Spielern, die sich um ein rundes, trampolinartiges Netz herumbewegen, das sich etwa 20 Zentimeter über dem Boden befindet. Die Spieler bilden zwei Teams mit je zwei Personen. Ein weicher Gummiball wird mit der Hand so geschlagen, dass er auf das Netz prallt und von dort zur gegnerischen Mannschaft fliegt, und zwar möglichst so, dass diese ihn nicht annehmen kann. Wie bei jedem Spiel gibt es Regeln, die das Ganze schwieriger machen und so den Spaßfaktor erhöhen. Je mehr man sich hineinbegibt, desto mehr riskiert man, um einen Ball anzunehmen oder ihn auf hervorragende Weise zurückzuschlagen.

Meine Kollegen und ich zogen uns mindestens einmal am Tag auf den Parkplatz hinter unserem Gebäude zurück und verwickelten einander in ein aufregendes Spikeball-Match. Immer wenn ich danach an meinen Schreibtisch zurückkehrte, hatte ich ein Lächeln im Gesicht. Ich fühlte mich erfrischt und erneuert. Es kommt einem töricht vor, Spikeball zu spielen, während die Welt auseinanderbricht, aber Jesus wusste anscheinend, dass wir genau aus diesem Grund das Spiel brauchten.

Auf dem Höhepunkt des Afghanistan-Krieges begleitete der Autor und Journalist Sebastian Junger eine Militäreinheit amerikanischer Soldaten zum Fronteinsatz. Die jungen Männer, gerade erst erwachsen geworden, waren im berüchtigten Korengal-Tal stationiert, das schwer zu besetzen war. Verschiedene Militäreinheiten (auch Platoons genannt) wechselten sich an dem am weitesten draußen gelegenen Außenposten ab, umgeben von Berghängen und mörderischen feindlichen Kämpfern. Immer wieder wurden sie aus verschiedenen Richtungen von oben beschossen. Ich kann mir kaum eine Überlebenssituation vorstellen, die herausfordernder ist.

Was mir an Jungers von grauenvollen Szenen durchtränktem Bericht jedoch auffiel: Diese Soldaten, die um ihr Leben kämpfen mussten, verfielen an diesem abgelegenen, gefährlichen Ort immer wieder spontan in Ausgelassenheit, dort in ihrem kleinen Hof mit dem Kiesboden:

> *Einem Kameraden die Luft abzuwürgen war ein beliebter Sport, und daher achteten die Soldaten stets darauf, dass sie im*

Rücken Deckung hatten und sich niemand von hinten anschleichen konnte. Einfach so über jemanden herzufallen war riskant, denn jeder besaß eine Art Schutzgemeinschaft, angefangen beim Platoon über die Squad bis schließlich zum Team. Wenn ein Mann in deiner Squad von mehr als einem Kerl überfallen wurde, dann war es Ehrensache, ihm zu Hilfe zu kommen, was zur Folge haben konnte, dass sich bereits nach Sekunden zehn oder fünfzehn Kerle in einem Haufen auf dem Boden wälzten.[66]

Solche und ähnliche Geschichten werden überall erzählt, wo Männer sich im Krieg oder in schwierigen Situationen befinden – sie machen Sport, sie zocken, sie spielen stundenlang Videospiele, wenn es ihnen möglich ist. Als Shackelton und seine Crew an einem völlig abgelegenen Ort in der Antarktis strandeten (wobei ihr Schiff komplett zerstört wurde), spielten sie auf dem Eis Fußball.

Am Ende seines Lebens wurde C. S. Lewis schwer krank. Er war gezwungen, sich von seinen Lehrverpflichtungen an der Universität Cambridge zurückzuziehen, was ihm sehr schwerfiel. Er brauchte außerdem rund um die Uhr einen Krankenpfleger, was er nur ungern erduldete. Lewis ließ sich seine vielen Bücher in sein kleines Cottage bringen. Eines Tages, während sein Pfleger ein Nickerchen machte, bauten Lewis und Walter Hooper eine Mauer aus Büchern rund um den schlafenden Mann. Als dieser aufwachte, bekam er einen riesigen Schreck, denn er war vom Boden bis zur Decke in Bücher eingeschlossen. Mir gefällt es, dass Lewis bis zum Ende seinen Sinn für Humor bewahrte.[67]

Spielen ist ein Weg, um die richtige Perspektive zu wahren und die Stimmung aufzuhellen. Laurence Gonzales schreibt in *Deep Survival:*

Manche Teams [der Bergrettungsdienste], die in großen Höhen arbeiten, nennen Leichensäcke scherzhaft „Langzeit-Biwak".

Das mag sich grausam anhören, aber Menschen, die in Lebensgefahr schweben, lachen und spielen, und selbst in den schrecklichsten Situationen – vielleicht sogar gerade in solchen Situationen – lachen und spielen sie weiter. Um mit der Realität umgehen zu können, muss man sie zunächst als solche anerkennen und … das Spiel bringt den Menschen in Berührung mit seiner Umwelt, wobei das Lachen das Gefühl der Bedrohung erträglicher macht.[68]

Hier schreibe ich nun also ein Buch über eine Zeit, die möglicherweise der Höhepunkt der Weltgeschichte sein könnte, und über die heftigen Prüfungen, die sie mit sich bringt. Aber etwa alle halbe Stunde muss ich einfach in den Garten gehen und mit meinen Golden Retrievern Ball spielen. Man kann nicht ständig intensiv leben. Die menschliche Seele braucht das Spiel, vor allem in Zeiten wie diesen.

Wo kann das Spiel wieder einen Platz in Ihrem Leben finden? Spielen hilft uns bei der Erholung *und* beim Erlangen von Resilienz. Sollten wir Gott dafür nicht dankbar sein?

Teil zwei: Resilienz entwickeln

Um Resilienz entwickeln zu können, müssen wir unser Leben neu ordnen – mental, seelisch und geistlich.

Mentale Resilienz

Mentale Resilienz beginnt, wenn wir uns entscheiden, unser Gedankenleben unter Kontrolle zu bringen.

Beginnen wir mit den Spekulationen, denen wir uns alle gern hingeben. Und ich meine wirklich *hingeben.* Spekulationen sind wie wilde Pferde, die laufen, wohin sie wollen – ohne Zaumzeug,

Halfter oder sonstige Einschränkung –, und wir lassen sie einfach galoppieren. Das tun wir in unserem persönlichen Leben: *Warum hat Julie mir nicht auf meine Textnachricht geantwortet? Sie muss böse auf mich sein. Vielleicht sollte ich sie anrufen, aber vielleicht will sie ja gar nicht mehr mit mir befreundet sein, vielleicht aufgrund dessen, was ich letzte Woche gesagt habe …* Und wir tun es auch auf globaler Ebene: *Oh Mann, wo soll das mit der Welt noch hinführen? In welcher Welt werden meine Kinder und Enkelkinder leben müssen? Sollten wir nicht besser Lebensmittel horten? Oder Gold im Garten vergraben?*

Spekulationen zehren an unseren Kräften. Aber wussten Sie auch, dass Jesus uns das Spekulieren verboten hat? „Macht euch keine Sorgen um den nächsten Tag! Der nächste Tag wird für sich selbst sorgen. Es genügt, dass jeder Tag seine eigene Last mit sich bringt" (Matthäus 6,34).

„Macht euch keine Sorgen" ist ein Gebot, kein Vorschlag.

Ich glaube, die meisten Leute betrachten das Spekulieren als eine persönliche Marotte, so wie das Fingernägelkauen oder der zwanghafte Blick aufs Smartphone. Aber ich wette, dass kaum jemand es als eine Verletzung des Glaubens, der Liebe und der Hoffnung sieht. Das ist es aber.

„Macht euch keine Sorgen" ist ein Gebot, kein Vorschlag.

Sie können genau hier beginnen, Ihre mentale Resilienz aufzubauen, indem Sie Ihre Spekulationen an die Leine legen. Jedes Mal, wenn Sie merken, dass Sie zu spekulieren anfangen, sollten Sie sich sagen: *Hör auf damit!* Bringen Sie Ihre Gedanken wieder unter Kontrolle: *Nein, ich werde mich keinen Spekulationen hingeben. Das ist gottlos.* Richten Sie Ihre Gedanken sofort auf Gott aus: *Du bist gut, Vater. Du bist bei mir. Du hast alles unter Kontrolle.* Wenn wir unseren Spekulationen das Zaumzeug anlegen, bauen wir so unsere mentale Resilienz auf.

Das wird übrigens sehr viel einfacher, wenn wir uns von den sozialen Medien und von dem, was „Nachrichten" genannt wird, abkoppeln. In Kapitel 2 haben wir darüber gesprochen, wer im Augenblick unser Narrativ prägt, unsere Perspektive auf diese Welt. Dieser Platz in unserem Leben sollte nur Jesus zukommen. Daraus schlossen wir, dass es besser ist, der Geschichte, die Gott erzählt, mehr Aufmerksamkeit zu schenken als all den Medien, die wir konsumieren, vor allem den sozialen Medien. Wenn Forschungen einen direkten Zusammenhang nachweisen zwischen steigenden Angst- und Depressionsraten und der Menge der Zeit, die wir mit sozialen Medien verbringen – warum um Himmels willen beschäftigen wir uns dann überhaupt mit diesen Medien? Ich weiß, es hört sich seltsam an, aber die glücklichsten Menschen, die ich kenne, sind alles Leute, die ihre Konten in den sozialen Medien gelöscht haben.

Die Navy-SEALs, die Eliteeinheiten der amerikanischen Marine, lernen während ihrer Ausbildung, positive Selbstgespräche zu führen. Anscheinend reden wir pro Minute ungefähr dreihundert bis tausend Worte mit uns selbst. Aus Erfahrung wissen wir, dass das meiste davon negativ ist. Mentale Resilienz kann dadurch aufgebaut werden, dass wir bewusst und absichtlich positive Dinge sagen – was für gläubige Christen die schönen Wahrheiten der Bibel sein können. *Gott ist bei mir. Ich bin geborgen. Christus lebt in mir. Ich habe die Kraft zum Überwinden.* Positive Selbstgespräche beruhigen die Ängste, die durch die Amygdala hervorgerufen werden, jenen Teil unseres Gehirns, der die Gefühle der Furcht steuert.[69]

In letzter Zeit sage ich mir beim Autofahren regelmäßig die

ersten Sätze des Apostolischen Glaubensbekenntnisses laut vor: „Ich glaube an Gott, den Vater, den Allmächtigen, den Schöpfer des Himmels und der Erde. Und an Jesus Christus, seinen eingeborenen Sohn ..."

Es ist so schlicht, aber so hilfreich. *Das ist, was ich glaube; das ist, was ich glaube.*

Bibelverse zu lesen und auswendig zu lernen baut unsere mentale Resilienz auf, denn es sind lebende, atmende Texte, in denen wir Gott begegnen und die uns eine neue Sichtweise für diese Welt schenken. Wir gut wäre es für unsere mentale Gesundheit, wenn wir jeden Tag daran erinnert würden, dass Jesus der Herr über alles ist, „hoch über allen Mächten und Gewalten, hoch über allem, was Autorität besitzt und Einfluss ausübt; er herrscht über alles, was Rang und Namen hat" (Epheser 1,20-21). Probieren Sie doch einmal aus, fünf Tage hintereinander Jesaja 40 zu lesen, und beobachten Sie, was das mit Ihrer Seele macht.

Kraftquelle
Ein Gebet um mentale Resilienz

Beginnen Sie, indem Sie dreimal tief durchatmen.

> *Erforsche mich, Gott, und erkenne, was in meinem Herzen vor sich geht; prüfe mich und erkenne meine Gedanken!*
>
> *(Psalm 139,23)*

Ich komme zur dir, Jesus, um inneren Frieden zu finden. Ich befehle dir mein Denken an. Ich richte meine Gedanken auf dich aus. Übernimm du die Herrschaft über mein Denken. Ich übergebe dir alle Nachrichten, die ich höre. Alle Sorgen und

Spekulationen. Ich übergebe dir alles, was meine Aufmerksamkeit auf sich ziehen will.
Ich übergebe dir meine Gedanken, Jesus. Mein ganzes geistiges Leben: meine Konzentration und Aufmerksamkeit, mein Gedächtnis und meine Erinnerungen, mein Verständnis und meine Fantasie. Ich weihe dir mein Gedankenleben, Herr Jesus, nur dir allein.
Der Verstand, der von Gottes Geist regiert wird, ist Leben und Frieden (Römer 8,6). Heiliger Geist, Geist Gottes, komm und erfülle meinen Verstand. Komm und erfülle meine Gedanken. Erfülle mein Denken mit Leben und Frieden.

Wiederholen Sie dieses Gebet.

Heiliger Geist, Geist Gottes, komm und erfülle meinen Verstand. Komm und erfülle meine Gedanken. Erfülle mein Denken mit Leben und Frieden.
Wir jedoch haben den Geist Christi bekommen (1. Korinther 2,16). Ich bete darum, dass mein Geist eins ist mit dir, Jesus. Ich empfange den Geist Christi. Ich empfange den Geist Christi.

Richten Sie Ihre Gedanken auf die Dinge aus, die wahr und achtenswert, gerecht, rein und unanstößig sind und allgemeine Zustimmung verdienen (Philipper 4,8). Denken Sie an etwas Schönes, das Sie an die Güte Gottes erinnert. An einen Ort, den Sie lieben. Eine schöne Erinnerung. Etwas aus der Natur. Etwas, das Sie zum Lächeln bringt. Und dann halten Sie heute daran fest.*

* Dieses Gebet stammt aus der (englischsprachigen) App „One Minute Pause". Die App enthält mehrere belebende „Pausen" und Gebete. Zwei davon sind unserer „mentalen Stärke" gewidmet. Die App kann kostenlos aus dem App Store heruntergeladen werden.

Die mentale Resilienz hilft uns beim Aufbau unserer emotionalen Resilienz.

Seit dreißig Jahren bin ich christlicher Therapeut und überzeugt davon, dass es wichtig ist, uns das volle Spektrum unserer Emotionen zu gestatten. Wenige Seiten weiter vorn habe ich Sie dazu ermutigt, Ihre Verluste und Belastungen zu benennen und zu betrauern. Es ist also keine Zumutung, wenn ich nun sage: *Sie dürfen Ihren Emotionen nicht das Steuer überlassen.*

Das jahrelange Leben in der Komfortkultur hat uns emotional verweichlicht.

Wenn wir keine Lust haben, etwas zu tun, dann lassen wir es.

Wenn uns nicht danach ist, an etwas Bestimmtes zu glauben, dann tun wir es nicht.

Manche Leute nennen das „authentisch sein", doch in Wirklichkeit ist es das Verhalten eines Jugendlichen. Wie ein Vierzehnjähriger halten wir unsere Emotionen für eine Art Recht, das wir besitzen, für den echtesten Teil unserer Existenz. Wenn wir keine Liebe empfinden, dann denken wir, wir lieben den anderen nicht mehr. Wenn wir Gott nicht spüren, meinen wir, er sei nicht mehr da. Wir verhätscheln unsere Gefühle, wo wir sie doch besser der Herrschaft Christi unterstellen sollten, ebenso wie unser Gedankenleben. Emotionale Resilienz entsteht, wenn wir nicht zulassen, dass unsere Emotionen unsere Sichtweise oder unsere Reaktionen bestimmen. Wenn uns nachts die Furcht überfällt, heißt das noch lange nicht, dass wir ihr nachgeben müssen.

Der Norweger Roald Amundsen gilt als einer der größten Polarforscher. 1911 erreichte er als Erster den Südpol. Als Junge schlief er im Winter bei offenem Fenster, um widerstandsfähiger zu werden.[70] Das ist meiner Meinung nach ein schönes Bild dafür, wie wir uns nach Jahren in der Komfortkultur wieder abhärten können.

Zwei der Bergsteiger, die, wie zu Beginn des Kapitels geschildert, vom Hang des Mount Hood in die Tiefe gerissen wurden, waren früher immer zusammen gejoggt – Chris Kern und Harry Slutter. Wenn es beim gemeinsamen Laufen schwierig wurde, riefen die beiden einander stets zu: „Schieb den Schmerz weg und halte durch!" Sie hörten nicht einfach auf zu rennen. Die Übung, die sie darin hatten, ihre Emotionen unter Kontrolle zu bringen, rettete ihnen bei dem Unfall das Leben. Als die neun verletzten Kletterer dort in der Gletscherspalte versuchten, die Seile zu entwirren, in denen sie gefangen waren, schrie Kern vor Schmerzen. Er hatte sich das Becken gebrochen. Seine Schreie sandten Schockwellen durch die ganze Gruppe, wo sie doch in diesem Moment jedes bisschen klaren Verstand brauchten, den sie bekommen konnten. Slutter schrie Kern an: „Schieb den Schmerz weg und halt durch!" Kern wurde still und wiederholte den Satz immer wieder für sich selbst.[71]

Wir respektieren unsere Gefühle, indem wir sie bejahen. Wir *zügeln* unsere Gefühle, indem wir sie der Wahrheit unterordnen.

Ich möchte Sie an dieser Stelle noch einmal an unsere enge Bindung zu Gott erinnern. Emotionale Stabilität beruht nicht auf Härte, sondern auf *Geborgenheit.* Mark Matousek schrieb in einem Artikel für *Psychology Today:* „Wenn ein Kind in dieser Welt eine sichere Basis gefunden hat, so der Psychologe John Bowlby, der Gründer der Bindungstheorie, dann lernt es emotionale Resilienz."[72] Diese Basis der Liebe und der Akzeptanz, des Segens und der Gewissheit, ist der Ausgangspunkt für unser weiteres Handeln.

Wir erinnern uns: Wenn Jesus sagt: „Ihr braucht nicht zu erschrecken", „Lasst euch durch nichts in eurem Glauben erschüttern" und „Lasst euch nicht von den Sorgen des täglichen Lebens gefangen nehmen"[73], dann ist das ein Ausdruck seiner Liebe. Er behandelt uns wie Erwachsene, indem er voraussetzt, dass wir unsere Emotionen unter Kontrolle haben.

Wir respektieren unsere Gefühle, indem wir sie bejahen. Wir zügeln unsere Gefühle, indem wir sie der Wahrheit unterordnen.

Wir haben etwas gesagt, das wir bereuen. Wir haben ein Projekt in den Sand gesetzt. Es geht uns nicht gut damit. Aber wir sagen zu uns selbst: *Nur weil ich einen Fehler gemacht habe, bedeutet das nicht, dass ich ein Versager bin. Ich bin zutiefst geliebt. Ich bin von Christus angenommen.* Ich kann Ihnen versichern: Diese Art von emotionaler Resilienz verändert unser ganzes Leben.

Und das ist von entscheidender Bedeutung, wenn die Kräfte der Großen Abkehr, von der ich weiter oben gesprochen habe, alles mit sich fortreißen. Wenn die Welt sich immer weiter von Gott entfernt, werden auch wir in große Versuchung geraten, einige, wenn nicht alle unserer Kernüberzeugungen über Bord zu werfen. Diese Versuchung wird sich besonders im Bereich unserer Emotionen einstellen – es fühlt sich nicht so an, als ob Gott zuhört; es fühlt sich nicht so an, als ob er eingreift. Wir dürfen es nicht zulassen, dass diese Emotionen unseren Glauben untergraben. Ehrlich gesagt sollten wir uns in solchen Zeiten wie diesen die mentale, emotionale und geistliche Resilienz aneignen, die Daniel und seine Gefährten angesichts des enormen Drucks von außen an den Tag legten:

> *Da packte [Nebukadnezar] der Zorn, und voller Wut ließ er die drei kommen. Als sie vor ihm standen, stellte er sie zur Rede: „Schadrach, Meschach und Abed-Nego, ist es wahr, dass*

ihr meinen Göttern keine Ehre erweist? Warum wollt ihr euch nicht vor meiner Statue niederwerfen? Ich gebe euch eine letzte Gelegenheit: Wenn jetzt die Musik ertönt und ihr niederfallt, lasse ich noch einmal Gnade vor Recht ergehen. Wenn ihr euch aber meinem Befehl widersetzt, werdet ihr auf der Stelle in den glühenden Ofen geworfen. Glaubt ihr, dass euch dann noch ein Gott aus meiner Gewalt retten kann?"
Schadrach, Meschach und Abed-Nego jedoch entgegneten: „Wir werden gar nicht erst versuchen, uns vor dir zu verteidigen. Unser Gott, dem wir dienen, kann uns aus dem Feuer und aus deiner Gewalt retten. Aber auch wenn er es nicht tut, musst du wissen, o König, dass wir nie deine Götter anbeten oder uns vor der goldenen Statue niederwerfen werden."

Daniel 3,13-18; Hfa

„Aber auch wenn nicht ..." Mit anderen Worten: Nein. Ganz einfach: Nein – ich unterwerfe mich nicht der Kultur oder irgendeiner anderen Kraft, die meine Liebe zu Gott und meine Treue ihm gegenüber aufweichen will. Nein. Diese Haltung wird von entscheidender Bedeutung sein, wenn wir uns gegen jede Form der Verwüstung zur Wehr setzen wollen – wir dürfen ihr einfach keinen Raum geben.

Kraftquelle
Lasst euch nicht von den Sorgen des täglichen Lebens gefangen nehmen

Hütet euch vor einem ausschweifenden Leben und vor übermäßigem Weingenuss und lasst euch nicht von den Sorgen des täglichen Lebens gefangen nehmen. Sonst wird euer Herz abgestumpft, und ihr werdet von jenem Tag überrascht werden wie von einer Falle, die zuschnappt. Denn er wird über alle Bewohner der Erde hereinbrechen. Seid wachsam und betet, ohne nachzulassen, damit ihr die Kraft habt, all dem zu entrinnen, was geschehen wird, und damit ihr bestehen könnt, wenn ihr vor den Menschensohn tretet. *Lukas 21,34-36*

Wie viel Mitgefühl und Verständnis begegnet uns in diesen Zeilen; welche Weisheit und welche guten Ratschläge, wie wir all dem entrinnen können! Wir alle sind mit Sorgen belastet. (Oder wann hatten Sie das letzte Mal das Gefühl, völlig sorgenfrei zu sein?) Das griechische Wort *bareō,* das hier mit „gefangen nehmen" übersetzt wurde, bedeutet eigentlich „beschwert sein".[74] Ja, das kenne ich auch. Niedergedrückt zu sein von den „Sorgen des täglichen Lebens", von denen wir mehr als genug haben. Von allen Seiten werden wir bedrängt und unser Herz wird schwer. Die gute Nachricht aber lautet: Wenn Jesus uns davor gewarnt hat, dann war er auch überzeugt, dass es einen Ausweg gibt. „Beschwert zu sein" muss nicht zu unserem unentrinnbaren Schicksal werden. Wirklich nicht.

Die emotionale Resilienz lässt uns sagen:

Jesus, ich übergebe dir mein Seelenleben. Ich gebe alle meine Gefühle in deine Hand. Sie sollen dir unterstellt sein und mit dir übereinstimmen. Ich bete darum, mit dir ein Herz und eine Seele zu sein. Ich lade deinen Geist in mein Gefühlsleben ein. Genau dort bitte ich dich um die Kraft zum Überwinden. Ich empfange deine Hoffnung, Jesus. Ich empfange deine Freude. Ich empfange deinen Mut. Ich unterstelle mein Seelenleben der Herrschaft Jesu Christi und nur ihm allein. Ich lasse nicht zu, dass die Welt mich in Unruhe versetzt. Ich lasse nicht zu, dass sie mich ängstlich oder wütend macht. Ich weigere mich, den Köder zu schlucken. Wenn ich trauern muss, Herr, dann trauere ich in dir. Wenn ich zornig werden muss, dann werde ich zornig in dir.

Du, Herr, hast die Kontrolle. Du bist immer noch derjenige, der das Universum regiert. Und ich vertraue dir. Ich gebe dir alle Menschen und alle Themen, die mich belasten. Ich spreche hiermit aus, dass ich bei deiner Wiederkunft alles wieder zurückbekomme.

Jeden Tag „Zeit für Gott"

Nun möchte ich noch etwas sagen, das mir wirklich sehr wichtig ist und das wir alle gerade jetzt brauchen.

In diesen schwierigen Zeiten machen viele Leute den Fehler, dass sie versuchen, Gott in ihrem überfüllten Leben ein wenig mehr Raum zu geben.

Doch wir sollten es andersherum angehen. Beginnen wir mit Gott, richten wir unser Leben auf ihn aus und ziehen von dort aus immer weitere Kreise nach außen. Dann wird unsere Spiritualität nicht mehr nur *Teil* unseres Lebens sein, sondern dessen *Epizentrum* – aus dem alles andere fließt und dem sich alle anderen Pläne unterordnen.

Nehmen Sie sich also vor, die am gründlichsten bekehrte Person zu werden, die Ihre Familie und Ihre Freunde je getroffen haben. Warum also nicht auf dem Weg weitergehen zu einer neuen

Form „klösterlichen“ Lebens – indem wir unseren Tagesablauf so anordnen, dass er sich um unser Leben in Gott dreht; seine Kraft in Anspruch nehmen, um unsere Resilienz aufzubauen. Nur so werden wir es schaffen.

> *Daniel … ging … in sein Haus. Das obere Stockwerk hatte Fenster in Richtung Jerusalem, die offen standen. Hier kniete er nieder, betete zu seinem Gott und dankte ihm, wie er es auch sonst dreimal am Tag tat.* *Daniel 6,11, Hfa*

„Wie er es auch sonst tat“ – mit anderen Worten: Das war seine normale Routine, keine Ausnahmesituation. Die Resilienz, die Daniel in dieser finsteren Kultur (und in der Löwengrube) an den Tag legte, gründete sich auf seine tägliche Praxis. Es war seine Gewohnheit, sich morgens, mittags und abends Zeit zum Gebet zu nehmen. Und genau das ist der Schlüssel – die Dinge, die für uns zur Gewohnheit geworden sind, prägen unser Leben.

Wenn wir Gott zu unserer Priorität erklärt und es uns zur Gewohnheit gemacht haben, seine Kraft in Anspruch zu nehmen, dann sind wir in einer viel besseren Ausgangssituation, aus seiner Resilienz zu schöpfen, wenn Zeiten der Krise kommen. Wenn wir aber unser geistliches Leben vernachlässigt haben, wenn es *nicht* unsere Priorität ist, dann werden wir durch schwere Zeiten aufgerüttelt und dazu gedrängt, Gott jetzt die Priorität einzuräumen.

Wir brauchen also ein paar neue Gewohnheiten (oder die Wiederaufnahme alter Gewohnheiten), die in unseren täglichen Ablauf passen. Hier möchte ich rasch hinzufügen, dass alles, was wir jetzt in Angriff nehmen, um unsere Erholung und Resilienz zu fördern, *realistisch sein muss, sonst werden wir es nicht durchhalten.* Darum hier ein Ratschlag für etwas, das einfach und leicht durchzuhalten ist: Stellen Sie den Alarm Ihres Handys so ein, dass Sie dreimal am Tag eine kleine Pause einlegen, um Gott Ihre Liebe und Treue zu bekennen.

Ich liebe dich, Gott. Ich liebe dich, Gott. Ich liebe dich.
Ich bekenne dir meine Treue.
Ich entscheide mich für dich vor allem anderen.
Gib mir die Kraft zum Überwinden.

Meiner Meinung nach ist auch das tägliche Sprechen des Apostolischen Glaubensbekenntnisses eine gute Idee. Wenn Sie dies fünf Tage lang jeden Tag tun, garantiere ich Ihnen, dass es Ihre Perspektive zum Positiven verändern wird. Oder Sie kopieren sich den Text, den ich auf den Seiten 47 und 48 zu Psalm 23 geschrieben habe, und machen ihn zu einem Teil Ihres täglichen Bekenntnisses!

Doch Sie können auch ein paar einfache Sätze nehmen, mit denen Sie die Kernaussagen Ihres Lebens mit Gott und dessen, was er Ihnen schenkt, beschreiben. Wenn zum Beispiel ein einfacher Satz wie „Ich bin geliebt, ich bin erwählt, ich bin geborgen in den Armen Gottes“ für Sie hilfreich ist, wenn er sich für Sie in verschiedenen Situation wahr anhört, dann können Sie ihn mehrmals am Tag als Anker Ihres mentalen und emotionalen Lebens verwenden.

Ich zum Beispiel liebe die Aussage „Deine Herrlichkeit, deine Liebe, dein Reich“, weil sie mir die Herrlichkeit Gottes vor Augen hält, über die wir weiter vorn gesprochen haben, die Kraft seiner Liebe in einer von Hass erfüllten Welt und die Überlegenheit seines Reiches über alle falschen Reiche dieser Welt. Es ist für mich zur zweiten Natur geworden, „Deine Herrlichkeit, deine Liebe, dein Reich“ den ganzen Tag über zu bekennen, vor allem wenn ich das Gefühl habe, dass mein mentales oder emotionales Leben verrücktzuspielen beginnt.

Gerne möchte ich Ihnen noch ein paar weitere einfache Aktivitäten empfehlen, die für Sie zur Gewohnheit und somit enorm lebensspendend werden könnten …

Im Lauf der Jahre genossen Stacy und ich ab und zu einen Abend, an dem wir einfach nur Anbetungsmusik in unserem Wohnzimmer hörten und unsere Herzen Jesus zuwandten. Obwohl wir es nie bereuten, dem Raum gegeben zu haben, machten wir es dennoch nie zu unserer regelmäßigen Gewohnheit. (Was ist das bloß für ein Schwachpunkt in der menschlichen Natur?) Doch der Druck, der durch die globale Krise entstand, brachte uns dazu, dies wieder beinahe täglich zu tun. (Ich sage „beinahe", um ehrlich zu sein und weil fünf Abende in der Woche schon ein Riesenfortschritt sind!)

Die Anbetung Gottes wirkt sich enorm positiv auf Herz und Seele aus und sie fördert die Gemeinschaft mit Christus. Sie fängt unser mentales Leben ein und wendet es Jesus zu. Sie fördert unsere Resilienz, weil wir zwanzig oder dreißig Minuten lang auf Gott konzentriert bleiben. Sie öffnet unseren Geist für ihn und ermöglicht es uns, seine Liebe, seinen Trost und die Kraft zum Überwinden zu empfangen. Die Anbetung Gottes ist auch eine Art Glaubensbekenntnis – wir bekennen die Güte Gottes, wer er ist und was er getan hat. (Und die Mächte der Finsternis hassen das absolut, deshalb ist es auch eine hervorragende Form der geistlichen Kriegsführung!)

Ich empfehle, dies vor dem Schlafengehen zu tun, aber man kann Gott auch am Morgen auf dem Weg zur Arbeit anbeten oder abends auf dem Nachhauseweg, wenn man die Möglichkeit dazu hat. Spielen Sie Anbetungsmusik ab, während Sie kochen oder sauber machen. Sie können es in Ihren Tagesablauf integrieren. Bei uns passen zwanzig oder dreißig Minuten der Anbetung gut in die Zeit vor dem Schlafengehen, gefolgt von einem Abendgebet.

Das führt uns zum Thema Gebet.

Ich möchte Ihnen sehr empfehlen, Daniels Praxis des Gebets morgens, mittags und abends zu übernehmen. Stacy und ich verlassen morgens nicht das Haus und wir frühstücken auch nicht, bevor wir unser Morgengebet gesprochen haben. (Meistens beten wir jeder für sich, weil wir zu unterschiedlichen Zeiten aufstehen und die persönliche Gemeinschaft mit Jesus brauchen, bevor etwas anderes kommt.) Unser Abendgebet halten wir dann gemeinsam vor dem Schlafengehen.

Die „30 Days to Resilience"-Impulse können Ihnen helfen, all dies ganz einfach jeden Tag in die Tat umzusetzen, wenn Sie die App „One Minute Pause" herunterladen.

Welche Ideen haben Sie? Was sollte Teil Ihres alltäglichen geistlichen Lebens werden?

Hier zum Spaß ein Vorschlag: Wenn Sie ein Mönch oder eine Nonne wären, wie würde dann Ihr Lebensstil aussehen? (Hand aufs Herz, wir haben doch alle schon einmal davon geträumt, unseren Job hinzuschmeißen, abzuhauen und an irgendeinem schönen Ort ein friedliches Leben zu führen …) Was würden Sie tun, wenn Sie ein solches Leben haben könnten? Was würde zu Ihrem Tagesrhythmus gehören? Stille, Gebet, Meditation, Spaziergänge, einfache Tätigkeiten wie Brotbacken?

Ehrlich gesagt kann man das meiste davon auch in sein ganz normales Leben integrieren. Man kann abends spazieren gehen, es genießen zu kochen oder zu gärtnern und so weiter.

Ihr Plan ist Ihr Rezept

Wenn Sie zu den Menschen gehören wollen, denen Gott am Ende nicht „ausgeht", sollten Sie sich selbst ein Rezept für Ihr neues Leben als „Mönch" oder „Nonne" ausstellen. Es ist Ihr Leben der Erholung und des Aufbaus von Resilienz. Ich meine das todernst. Sie kennen Ihre Stärken und Schwächen. Was sollten Sie tun, um die Kraft Ihrer Seele in dieser Zeit ernst zu nehmen?

Ich empfehle Ihnen außerdem dringend, Jesus um ein Rezept für Ihr Jetzt und Heute zu bitten.

Genau das habe ich im Sommer 2021 getan. Ich wusste, dass ich ziemlich niedergeschlagen war und dazu neigte, meine Kapazität zu überschätzen. Es öffnete sich mir ein Zeitfenster für eine Sabbatzeit, ein entschleunigtes Leben, und obwohl alles in mir danach verlangte, auf Reisen zu gehen und Abenteuer zu erleben, fragte ich Jesus, was ich wirklich brauchte.

Zunächst einmal galt es, meinen Widerstand zu überwinden, denn ich hatte es mir in den Kopf gesetzt, dass ich unbedingt eine Menge Abenteuerreisen brauchte. Jesus aber sagte immer wieder *Nein* (und hier muss ich rasch hinzufügen, dass ich nach dieser Zeit der Ruhe dankbar war, dass er *Nein* gesagt hatte).

„Was brauche ich, Herr?"

- Ein einfaches Leben. Mach diesen Sommer keine großen Unternehmungen.
- Schönheit
- Spaziergänge
- Zeiten, in denen du komplett offline bist
- Sehr wenig Engagement für andere

Warum gerade die letzte Aufforderung besonders genial war, muss ich wohl erklären.

Ich bin ein Mensch, der mit sehr viel Empathie ausgestattet ist. Ich liebe es, anderen zu helfen. Das erfüllt mein Leben mit Liebe und verleiht ihm einen Sinn. Doch meine eigene schwierige Lebensgeschichte hatte zur Folge, dass meine innere Steuerung in Bezug auf das Geben, Helfen und Eingreifen bei mir seit Jahren nicht mehr richtig funktioniert. Ich weiß einfach nicht, wann es genug ist; es fällt mir ungeheuer schwer, Nein zu sagen. Jesus aber wusste: Wenn ich meine Reserven auffüllen wollte, musste ich mich zurückziehen und mich weit von allem entfernen, in das ich eingreifen konnte. Es war eine heftige Rettungsaktion. Denn „Arme wird es immer bei euch geben" (Matthäus 26,11). Es werden immer Krisen da sein; es wird immer Not herrschen.

Wer aber steuert Ihre natürlichen Neigungen? An Ihrer Stelle würde ich mich an Jesus wenden.

Es geht ja schließlich darum: Wie können Sie Ihr Leben so gestalten, dass Erholung und ein Aufbau Ihrer Resilienz möglich werden? Sie können nicht einfach so weitermachen und alle Reserven verbrennen, nur weil Sie das aufrechterhalten, was Sie meinen tun zu müssen. Eine Zeit wie die unsere erfordert jede Menge Klugheit. Lassen Sie nicht zu, dass Ihre Müdigkeit Sie vom Berghang stürzen lässt. Treffen Sie die Entscheidung, Ihren Tagesablauf so zu verändern, dass Sie eine widerstandsfähige Seele entwickeln können.

Wenn Sie Resilienz wollen, dann kümmern Sie sich darum. Menschen, die ums Überleben kämpfen, sind flexibel; sie passen sich ihrer veränderten Umgebung an. So sollten wir uns auch den übernatürlichen Geschenken Gottes öffnen und sie zu einem normalen Bestandteil unseres Lebens machen.

Kehren wir noch einmal zum Bergunglück auf dem Mount Hood zurück und zu der Frage, warum die Männer dort eine so gefährliche Entscheidung trafen. Das Problem beim Bergsteigen ist (das weiß ich aus eigener jahrelanger Erfahrung), dass man den Gipfel zum Ziel erklärt. Es bis dorthin zu schaffen, gilt als Sieg. Dieses Ziel wird unerbittlich verfolgt, und zwar schon Wochen vorher. Es ist der Preis, den wir vor Augen haben, wenn wir die Mühen des Aufstiegs auf uns nehmen. Die Kletterer auf dem Mount Hood machten an jenem unheilvollen Tag den Fehler, dass sie den Gipfel für das Ende ihrer Mission hielten. Und so ließen sie alle Vorsichtsmaßnahmen fallen. Aber natürlich waren sie nur den *halben* Weg bis zum Ziel gegangen. Das eigentliche Ziel besteht nämlich darin, wieder sicher unten anzukommen – beim Auto auf dem Parkplatz oder zu Hause im Bett.

Für diejenigen, die Jesus nachfolgen, ist die Ziellinie entweder die Wiederkunft Jesu oder unsere Heimkehr zu ihm.

Darum sollten wir unser Durchhaltevermögen stärken!

Beinahe dort

Die sechs Männer auf dem Floß sind schlank und von der Sonne verbrannt. Seit über drei Monaten treiben sie auf dem offenen Meer. Fast sechseinhalbtausend Kilometer des Pazifik sind unter ihrem primitiven Floß aus Balsaholz vorbeigeglitten, das aus dem Jahr 1000 v. Chr. stammen könnte. Nun nähern sie sich dem bisher gefährlichsten Teil ihrer Reise – einem zerklüfteten Riff, das die Insel umgibt, die sie zu erreichen hoffen. Auf dem Riff liegen die Überreste eines Schiffswracks, was sie auf unangenehme Weise an ihre eigene Verletzlichkeit erinnert.

Die Crew trifft letzte Vorbereitungen für den unvermeidlichen Aufprall auf das Riff. Die letzten Eintragungen im Logbuch lauten:

> *8.45 Uhr: Der Wind hat sich in eine für uns noch ungünstigere Richtung gedreht, wir haben keine Hoffnung mehr, vorbeizutreiben. …*
> *9.50 Uhr: Wir sind sehr nahe. … Wir sind alle guten Muts. Es sieht übel aus …*

Dann prallt das Floss auf das Riff und wird von ihm in einen tödlichen Griff genommen. Plötzlich geraten sie in eine noch schlimmere Notlage, denn sechs Meter hohe Wellen peitschen mit brutaler Macht auf sie ein:

> *Da sah ich die nächste Woge donnernd heraufkommen, höher als alle, und ich brüllte aufs Neue eine Warnung zurück zu den anderen, während ich, so hoch ich konnte, das Tau heraufkletterte und mich festkrallte. Da verschwand ich bereits mitten in der grünen Wasserwand, die sich hoch über uns auftürmte. Die anderen, die weiter rückwärts standen und mich als Ersten verschwinden sahen, veranschlagten die Wasserwand mit acht*

Meter Höhe, während der schäumende Kamm fünf Meter über dem Teil der Wand passierte, von dem ich verschluckt wurde. Da aber erreichte die Wogenwand sie, und alle hatten nur mehr den Gedanken: Halten! Halten! Und noch mal halten![75]

Kapitel 10

Festhalten!

Denkt an Lots Frau!
Lukas 17,32

In bestimmten, sehr entscheidenden Momenten in unserem Leben stehen wir vor einer Wahl, einer Prüfung. Manchmal handelt es sich dabei um einen relativ einfachen Glaubenstest: *Will ich in der Fastenzeit auf Zucker verzichten? Gestatte ich es jemand anderem, die Sitzung zu leiten? Greife ich meine Ersparnisse an, um diesen Menschen in Not zu helfen?* Jedes Mal, wenn wir uns für das entscheiden, was auch Gott möchte, gelangt unsere Seele in eine tiefere Übereinstimmung mit ihm. Auf diese Weise entwickeln wir ein ungeteiltes Herz.

Doch es gibt auch Augenblicke, in denen die Prüfung einen kritischen Punkt erreicht: *Löse ich diese Beziehung auf? Verzichte ich auf meine Karriere? Auf diese Art von Selbstschutz?* Solche Wegscheiden sind mehr als Glaubensprüfungen; sie stellen unsere *Treue zu Gott* grundlegend auf die Probe.

Das Problem ist, dass wir oft nicht erkennen, wie folgenreich eine Entscheidung sein kann, vor allem wenn wir müde und abgelenkt sind. Das sind die Momente, in denen unser Herz verwundbar ist, denn in unserer Müdigkeit verkennen wir vielleicht die Auswirkungen unserer Entscheidung.

Ich bin überzeugt, dass wir im Augenblick in genau so einer Phase sind. Vielleicht ist das *der* Moment aller Momente.

Jesus hat das kommen sehen und ruft uns zu: „Denkt an Lots Frau!"

Warum? Was hat sie mit unserer Lage und mit dem jahrhundertealten Kampf um das menschliche Herz zu tun? Nun, sehen wir uns die Geschichte einmal an …

Sie schaute zurück

Es war kurz vor Sonnenaufgang im Siddim-Tal und der Wind blies über die Hügel. Am Horizont erschien ein roter Streifen, das Tal aber war dunkel. Lot rannte, bis seine Füße bluteten. Er ergriff seine Töchter bei den Händen. Sie waren schweißnass. Lots Lunge brannte. Er spürte, wie eine seiner Töchter stolperte. „Bleib nicht stehen!", keuchte er und half ihr auf. „Schau nicht zurück", sagte er. „Beeil dich!", rief er seiner Frau zu. „Die Sonne!"

Die Engel waren am Abend gekommen. Lot entdeckte sie zuerst, wie sie sich von der Ebene her näherten und lange Schatten vorauswarfen. Sie wirkten groß und herrschaftlich und sahen sich mit kritischem Blick um. Es gab keinen Zweifel, wer sie waren. Lot lief ihnen entgegen, um sie zu begrüßen, und verneigte sich vor ihnen. „Bitte, meine Herren", bat er, „kommt in mein Haus." Es gab keinen anderen sicheren Ort. Die Engel lehnten ab. Lot argumentierte, bat sie inständig, bis sie schließlich nachgaben. Also führte Lot sie auf geheimen Umwegen durch Sodom zurück zu seinem Haus.

Sodom. Was für eine Stadt das war. Der Name bedeutet „Verwüstung". Oder „brennen". Oder „Dämonen" im älteren akkadischen Sprachgebrauch. Sodom machte seinem Namen alle Ehre. Gemeinsam mit seiner Schwesterstadt Gomorra (was „fesseln" bedeutet) warf es einen langen schwarzen Schatten auf das gegenüberliegende Tal. Auf den Straßen war es gefährlich. Ach, was hatte Lot nicht alles gesehen … Aber er sprach nicht davon. Es war nicht so, dass Lot die Stadt nicht mochte. Immerhin hatte er sich zweimal dafür entschieden, dort zu leben; das zweite Mal, nachdem er von einem fremden König gekidnappt worden war. Es gab hier so viel zu essen und so schöne Kleidung anzuziehen und all das, was eine wohlhabende Stadt anzubieten hatte.

„Hier ist es", sagte er zu seinen Besuchern. Er deutete auf ein Haus aus Lehmziegeln und schob die Engel durch die Tür hinein. „Nehmt Platz", drängte er sie und schob mit dem Fuß ein wenig Dreck vom Teppich. „Esst!" Dann schaute er voller Unruhe nach seiner Frau. Er schloss die Fenster und verriegelte die Tür. Aber jemand hatte es bereits gesehen. Und schon verbreitete sich die Nachricht – Lot hatte Besucher, deren Gesichter wie die von Göttern aussahen. Die Männer von Sodom bildeten einen Mob und versammelten sich vor der Tür. Sie forderten Lot auf, ihnen die Männer auszuliefern. Lot weigerte sich. Er bot ihnen seine Töchter an. Es kam zu Handgreiflichkeiten an der Tür. Da hob einer der Engel den Arm und die Menschenmenge war wie mit Blindheit geschlagen. Er zog Lot wieder zur Tür herein.

Lot blinzelte und erkannte das Gesicht des Engels. „Lot", sagte der Engel, „gibt es noch jemanden, den du hier herausholen willst? Familienangehörige?" Er sah Lot mit forschendem Blick an. „Wir sind hier, um die Stadt zu zerstören." Wie seltsam sein Gesichtsausdruck war. Streng, fest und vollkommen aufrichtig. So ganz anders als bei den Menschen. Lot schüttelte seine Benommenheit ab. „Meine Töchter sind verlobt", stammelte er. „Die Männer …"

„Hol sie her", befahl der Engel.

Lot versuchte es. Er rannte durch die Straßen, an Männern und Frauen vorbei, die ihn mit ungezügelten hungrigen Blicken verfolgten. Endlich erreichte er die Häuser, in denen die Verlobten seiner Töchter wohnten. Er hämmerte an die Türen. Die Männer erschienen schlaftrunken und sahen ihn zornig an. Lot drängte und bat sie inständig, er schrie, aber die Männer wollten nicht mitkommen. Sie glaubten ihm nicht. Lot verließ sie, während sie ihm mit verächtlichen Blicken nachsahen. Seine Töchter bargen das Gesicht in den Händen, als er es ihnen berichtete.

„Geht nun", sagte der Engel. „Flieht in die Berge."

Lot zögerte. Er warf einen Seitenblick auf seine Frau. Ihr würde das alles nicht gefallen.

„Bitte", wagte Lot einzuwenden, „in der Nähe gibt es eine Stadt. Sie ist unbedeutend. Das ist bestimmt kein Problem – lass uns bitte dorthin gehen."

Der Engel erlaubte es ihm. „Geht rasch. Schaut nicht zurück. Ich kann nichts tun, bevor ihr weg seid. Flieht."

Also rannte Lot los. Er verließ die Stadt und alles, was er dort gesehen hatte, den Stolz, den Tod und die Eitelkeit. Er lief immer geradeaus in die Wüste, seine Familie folgte ihm. Er rannte mit müdem Blick die Straße hinauf, dann hinaus in die Ebene, und jeder Schritt wirbelte Sand auf.

„Es ist nicht mehr weit", keuchte er immer wieder. „Wir sind fast da."

Bis der Himmel schließlich grau wurde. Die Sonne ging auf. Zoar lag vor ihnen, wenig mehr als ein Brunnen und ein Stall. Lot verlangsamte seine schleppenden Schritte. „Zoar", keuchte er und drückte die Hände seiner Töchter. „Wir sind da." Er ging langsam weiter.

Als mit einem Geräusch wie der Schrei eines riesigen Adlers der erste Stein einschlug, blieb Lot abrupt stehen. Er duckte sich mit seinen Töchtern und rief nach seiner Frau. Der Himmel brannte. Das Feuer warf seltsame Schatten, Rauchsäulen zerteilten die Wolken. Lot breitete seine Arme über seine Töchter. Verzweifelt streckte er die Hand nach seiner Frau aus. Selbst der Ozean zischte und brannte. Aus der heißen Luft prasselte ein harter Regen von Salz und Steinen auf die Hügel. „Runter!", schrie Lot. Er warf sich schützend über seine Töchter und schirmte sie gegen die tödliche Hitze ab.

In den getroffenen Städten zerfielen die Mauern zu Staub, Geschirr schmolz zu Glas, die Felder brannten ab und über alles legte sich eine Salzschicht. Das Feuer war so heiß wie die Oberfläche der Sonne, der Staub wurde zu Stein und einen Augenblick später war alles vorbei.

Riesige Staubwolken stiegen in Richtung der Zelte Abrahams auf. Lot hob den Kopf. Er drehte sich um und erstarrte vor Schreck. Da stand seine Frau und streckte die Arme aus.

Doch nicht zu ihm. Nach Sodom.

Lot stand auf und eilte zu ihr.

Seine Frau war hart und unbeweglich, weiß wie Kalk. Lot berührte ihren Arm, der sofort zerfiel. Salz. Weil sie zurückgeschaut hatte. Aber das hebräische Wort bedeutet noch viel mehr. Sie „widmete ihre Aufmerksamkeit" diesem Ort. Sie „betrachtete" ihn. Sie war von ihm „abhängig". Und so wurde sie zu netsiv, *einer „Säule", im wörtlichen Sinn zu einem „Präfekten", einem „Garnisonsoffizier" der Toten, der über die Toten wacht.*[76]

Schreck, lass nach. Von all den ernüchternden biblischen Geschichten wählt Jesus ausgerechnet diese aus, um seine Warnungen über die Prüfungen der Endzeit zu verpacken?!

Gott, steh uns bei!

Was auch immer sonst die Aussage dieses Ereignisses sein sollte, es ist auf jeden Fall die tragische Geschichte einer gespaltenen Loyalität und der Macht, mit der diese Welt das menschliche Herz verführt.

Die Furcht vor dem Verlust

Warum blickte Lots Frau zurück? Die Engel hatten sie doch davor gewarnt. Ihre ernsten, heiligen Blicke hatten das deutlich gemacht. Und trotzdem drehte sie sich um, *wandte ihr Herz* wieder zurück. Jesus sagt, dass dies mit ihrer brennenden Sehnsucht zu tun hatte, dass alles wieder gut würde: „Denkt an Lots Frau! Wer sein Leben zu erhalten sucht, wird es verlieren; wer es aber verliert, wird es bewahren" (Lukas 17,32-33).

Lots Frau dachte, sie würde ihr Leben verlieren, all das, was sie zum Leben zu brauchen meinte, und so wandte sie sich um. Das liegt uns viel näher, als wir meinen. Denn jede Veränderung fühlt sich am Anfang wie ein Verlust an. Wenn wir ein Leben hinter uns lassen, um ein neues zu beginnen – eine berufliche Veränderung, ein neues Studium, ja sogar etwas so Hoffnungsvolles wie eine Heirat –, dann ist alles, was wir kennen, das Leben, das wir bisher hatten. Das Abenteuer, das vor uns liegt, ist uns immer noch fremd und unbekannt und so sind wir uns viel mehr dessen bewusst, was hinter uns liegt, als dessen, was nun kommt. Folglich fühlt es sich zunächst wie ein Verlust an.

Dieser Zweifel, diese Furcht hat in unserer Zeit viele wohlmeinende Herzen ergriffen.

Außerdem war Sodom eine blühende Stadt, in der man gerne wohnte. Sie war *seit 1500 Jahren* die Hauptstadt der ganzen Region gewesen, beginnend um 3000 v. Chr. Sie war das Symbol von Macht, Sicherheit und Wohlstand. Sodom hatte eine Stadtmauer, die fünf Meter dick und fünfzehn Meter hoch war; es besaß Paläste und Tempel und war ein wirtschaftlicher und kultureller Anziehungspunkt. Sodom lag in der „wasserreichen" Jordanebene, die Lot in 1. Mose 13,10 gesehen hatte. Wie der Nil trat auch der Jordan jedes Jahr über die Ufer und bewässerte die ganze Region, wodurch Sodom zu einem üppigen, fruchtbaren Ort wurde, an dem die Landwirtschaft florierte und es Essen und Menschen in Fülle gab.

Aber es war auch ein finsterer, verführerischer Ort. Als Hauptstadt der Region war Sodom das Zentrum des alten kanaanitischen Heidentums. Die Stadt war umgeben von einem Megalithen-Feld – mit tausendfünfhundert Steinblöcken, die es ihrer Größe nach mit Stonehenge aufnehmen könnten. Diese sind an der archäologischen Stätte Tell el-Hammam im heutigen Jordanien ausgegraben worden. Die Steine wurden für alle erdenklichen finsteren Rituale verwendet.

Das sehen wir allein schon daran, dass nach dem biblischen

Bericht in Sodom eine Kultur herrschte, in der jeder Neuankömmling in der Stadt eine Gruppenvergewaltigung über sich ergehen lassen musste. Wie kann man sich an so viel Böses gewöhnen, sich darin akklimatisieren, ihm gegenüber gleichgültig werden, darüber hinwegsehen, weil die Stadt auch so viel Verlockendes zu bieten hat?

Wir kennen die Antwort. Denn wir tun es die ganze Zeit über in der Welt, die wir gerade bewohnen. Ich meine, sehen wir uns doch mal um. Wir wenden zwar aus verständlichen Gründen gerne den Blick ab, aber dies ist ein vom Bösen geprägtes Zeitalter.

„Denkt an Lots Frau." Diese Aufforderung gehört zu den besonders rätselhaften, aufrüttelnden und ehrlich gesagt sehr beunruhigenden Dingen, die Jesus gesagt hat. Absolut.

Um fair zu sein, müsste man hinzufügen, dass Lots Frau vielleicht eine Art traumatische Bindung an die Stadt Sodom hatte. Eine traumatische Bindung ist ein tragisches Band, das sich zwischen einem Täter und seinem Opfer entwickelt. Das passiert, wenn das Böse seine Haken in uns geschlagen hat, weil wir so dicht bei ihm gelebt haben. Doch trotz dieser Bindungen, trotz der Anziehungskraft, die diese Welt über uns gewonnen hat, drängt Jesus uns: *Schaut nicht zurück. Habt kein geteiltes Herz, keine gespaltene Loyalität.*

Alles für mein Ein und Alles

In Kapitel 3 habe ich darauf hingewiesen, dass die Pandemie eine Apokalypse war – was bedeutet, dass sie Dinge „offenbarte" oder aufzeigte. Darunter auch das, was uns am meisten Sorgen machen sollte: unsere gespaltene Loyalität.

Die Furcht, die uns alle in verschiedenen Abstufungen überkam, offenbarte, dass wir nicht so tief in Christus geborgen waren, wie wir glaubten. Das hektische Streben danach, dass alles wieder gut würde, offenbarte, dass unsere Hoffnung nicht auf Christus zentriert war. Nun offenbart die Große Abkehr, wie tief unsere Enttäuschung von Gott tatsächlich sitzt und wie leicht unsere dünnen Wurzeln herausgerissen werden können.

In den vorangegangenen Kapiteln habe ich beschrieben, auf wie viele verschiedene Weisen sich das globale Trauma bei mir auswirkte – mein zwanghaftes Kaufverhalten, das Renovieren unseres Hauses, die kleinen Bequemlichkeiten, die ich mir selbst gönnte. Außerdem machte ich eine recht interessante Erfahrung: Immer wieder tauchen Erinnerungen aus der guten alten Zeit auf. Ich denke an bestimmte Erlebnisse auf Reisen, die ich vor Jahren unternommen habe, und schwelge in den nostalgischen Momenten meiner Kindheit. Ich bin eigentlich jemand, der nicht so sehr in der Vergangenheit lebt, aber es passiert zurzeit recht häufig, beinahe unwillkürlich – man denkt an alte Zeiten und fragt sich, wie man sie wieder zurückbekommen kann.

War es das, was mit Lots Frau passierte, als sie über die Ebene rannte?

In der langen ungestümen Liebesbeziehung, die Gott mit der menschlichen Spezies unterhielt und die im Alten und Neuen Testament festgehalten ist, war das zentrale Problem immer die Doppelmoral des Menschen, und sie wird es auch immer sein. Dieser Mangel an ungeteilter Zuwendung zu Gott. „Dieses Volk ehrt mich mit den Lippen, aber ihr Herz ist weit von mir entfernt“ (Matthäus 15,8).

Die echte Gefahr besteht darin, dass wir meinen, unser Leben wieder gesichert zu haben. Endlich haben wir gekündigt, endlich sind wir umgezogen, endlich haben wir uns verliebt. Aufgrund all dessen, was wir hier besprochen haben – das Trauma, die Furcht vor Entbehrungen, die große Hoffnung, dass unser Leben wieder gut wird –, sagt unser Herz im Stillen: *Mir geht's gut. Ich brauche jetzt nichts weiter.* Der Gedanke an die Wiederkunft Christi verschwindet wie ein Morgennebel, der von der Mittagssonne vertrieben wird. Soll sich doch eine andere Generation damit beschäftigen.

> *Eure Treue ist so flüchtig wie ein Nebelschleier am Morgen, eure Liebe zu mir verschwindet so schnell wie Tau unter der Sonne!* *Hosea 6,4; Hfa*

Die Falle, die der Feind unserem Herz gestellt hat, bestand darin, uns zu plagen, zu traumatisieren, in Versuchung zu führen und unser Herz an einem Ort landen zu lassen, wo wir erleichtert aufseufzen und sagen: *Mir geht's gut. Das ist gut.* Ohne Gott. Das Königreich ohne den König genießen.

Im Sommer des Jahres 2020 fand Stacy eine neue Beschäftigung, die ihr Spaß machte. Sie verbrachte Stunden an ihrem Laptop und suchte nach kleinen Häusern, die in Irland oder Schottland zum Verkauf standen. Es war eine schöne Ablenkung von der Krise, und Träumen tut der Seele ja gut. Außerdem verbindet uns schon seit Langem sehr vieles mit diesen beiden Ländern. Teilweise stammen unsere Vorfahren von dort, wir haben liebe Freunde, die dort leben, und wir fühlen uns auch deshalb von diesen Ländern angezogen, weil wir gerne dort missionarisch arbeiten würden. Doch unsere *Herzen* erinnern sich eher an die idyllischen Augenblicke, die wir dort im Urlaub verbrachten, die Art von Urlaub, wo einfach alles perfekt und wunderbar ist und die übrige Welt scheinbar meilenweit entfernt.

Stacys intensives Interesse begann während des Lockdowns, es hält aber bis heute an. Weil die Sehnsucht, dass alles wieder gut wird, nicht vergeht; sie wird immer stärker in jedem menschlichen Herz.

Gerade heute Morgen sagte sie zu mir: „Ich habe ein Grundstück an der Westküste der schottischen Highlands gefunden, das zum Verkauf steht. In der Nähe von dem kleinen Dorf, das wir so lieben. Es hat einen eigenen kleinen See und Bäche!" Ich war überrascht, dass dieses Thema wieder aufkam, nach all den intensiven seelsorgerlichen Gesprächen, die wir geführt hatten. Gemeinsam hatten wir all das umgesetzt, was in diesem Buch beschrieben ist, und uns um unsere Erholung und den Aufbau von Resilienz gekümmert. *Ein Grundstück in den Highlands? Meine Frau musste verrückt geworden sein!* Ich formulierte in Gedanken schon eine ablehnende Antwort, als Stacy hinzufügte: „Und auf dem Grundstück darf man Rotwild jagen und Fliegenfischen!"

Und da sehe ich es vor mir: die heidebewachsenen Hügel, die sich zu felsigen Gipfeln aufschwingen. Die rauschenden Bäche, die durch moosige Wiesen gluckern. Den See, an dessen steinigem Ufer ein kleines Boot liegt. Sonnenlicht, das auf dem Ozean glitzert, während die Sonne im Westen sinkt. Ein knisterndes Kaminfeuer und ein Schluck Single Malt Whisky auf dem Tisch in unserem kleinen weißen Haus, von dem aus wir alles überblicken können.

Von einem Augenblick zum anderen machte mein Herz eine Kehrtwende um hundertachtzig Grad. Ich war sofort bereit, meine Rente zu beantragen und das Grundstück zu erwerben, alles zu verkaufen, was wir hatten, die Familie und meine Arbeit zurückzulassen, um unser kleines Stück vom Glück zu ergreifen und endlich Ruhe zu haben. *Die Welt kann meinetwegen untergehen, ist mir egal. Ich habe von all dem genug. Wann können wir umziehen?*

Da stehe ich also an einem ziemlich gewöhnlichen Samstagnachmittag in unserer Küche und beobachte, wie der alte Kampf um das menschliche Herz auch in meiner Seele tobt. Weil ich gestresst und traumatisiert bin und einfach eine Pause brauche. Ich möchte, dass alles wieder gut wird.

Denkt an Lots Frau.

Ich erschauere bei dem Gedanken, wie leicht mein Herz gespalten werden kann. Ich liebe Gott, ja, ich liebe ihn wirklich. Und bei Ihnen ist es sicherlich auch so. Unsere Doppelmoral kommt jedoch dann zum Vorschein, wenn wir Gott nur *irgendwie* wollen. Unsere Sehnsucht, dass alles wieder gut wird, ist plötzlich ein Test, mit dem wir Gott auf die Probe stellen – wenn er uns zu helfen scheint, wunderbar. Dann glauben wir an ihn. Wenn aber nicht, nun ja … dann laufen wir all dem nach, von dem wir denken, dass es unsere Sehnsucht stillt, und kommen vielleicht später wieder auf Gott zurück. Mächtige, uralte Kräfte ziehen uns in diese Richtung.

Wir sind in einer so verwundbaren Lage.

Darum müssen wir uns wirklich unbedingt für ein ungeteiltes Herz entscheiden, mit dem wir Jesus mehr als alles andere wollen – mehr als das, was uns vermeintlich liebt, mehr als unsere falschen Gärten Eden, unsere vergänglichen Tröstungsversuche.

Wenn wir ein Mensch mit ungeteiltem Herzen werden wollen, müssen wir den Punkt erreichen, an dem wir fröhlich und liebevoll absolut alles Gott übergeben. Dann wird Jesus zu dem, der alles erfüllt, zu unserem Ein und Alles. Das bedeutet nicht nur die Erfüllung der Bestimmung, für die unser Herz geschaffen ist, es ist auch die Quelle unserer Erholung und des Aufbaus von Resilienz. Nichts kann uns mehr genommen werden, weil wir Jesus schon alles gegeben haben.

Die Blumen auf der Veranda, um die ich mich so liebevoll gekümmert habe? Heute Morgen habe ich bemerkt, dass die Fäule sich in meiner Lieblingsblumenampel breitgemacht hat. Und in einem anderen Topf frisst irgendeine Krankheit Löcher in jede Blüte. Wir können uns nicht an Dinge klammern, es gibt keinen Blick zurück. Es hilft uns nicht, aber es kann uns jede Menge Schaden zufügen. Denkt an Lots Frau.

Wir können nicht zurückgehen, schon gar nicht in einer Zeit wie dieser, in der Gott die Dinge vorantreibt. Er möchte, dass wir mit ihm mitkommen.

Ich gebe alles für dein Alles.

Das ist von nun an mein Gebet.

Ich gebe alles für dein Alles.

Wenn wir ein Mensch mit ungeteiltem Herzen werden wollen, müssen wir den Punkt erreichen, an dem wir fröhlich und liebevoll absolut alles Gott übergeben. Dann wird Jesus zu dem, der alles erfüllt, zu unserem Ein und Alles.

Ich habe Freunde, die eine sehr tiefe und besondere Beziehung zu Gott pflegen. Sie hören von ihm, empfangen Visionen über das, was er auf der Erde tut. Kürzlich schickte mir einer von ihnen einen Bericht über eine Vision, die er im Blick auf die tatsächliche Hintergrundszene in diesen großen Zeiten hatte. Er wusste nicht, dass ich dieses Buch schrieb, auch von diesem Kapitel hatte er noch nie etwas gehört. Und doch schickte er mir diese Nachricht:

> *Während der Schlacht am Ende der Zeit verloren viele Menschen ihren Glauben, so wie Lots Frau (1. Mose 19,26). Sie hatten der Heiligkeit den Rücken gekehrt, sich umgewandt und nicht mehr klargesehen, sie hatten sich im Grunde genommen auf die Seite des Feindes geschlagen. Kurz vor dem Ende. Leider, leider schafften es einige nicht – dabei hatte man von vielen von ihnen erwartet, dass sie bis zum Ende standhaft bleiben würden.*

Das Geheimnis hinter unserer Sehnsucht

Doch wir gehören nicht zu denen, die sich abwenden und sich damit selbst ins Verderben stürzen. Nein, wir gehören zu denen, die am Glauben festhalten und dadurch ihr Leben retten.

Hebräer 10,39

Ich frage mich, ob unsere verstärkte Sehnsucht, dass alles wieder gut wird, vielleicht weit mehr ist als nur eine Reaktion auf ein Trauma, auf das chronische Gefühl der Enttäuschung und Entbehrung? Weist sie uns möglicherweise auf etwas ganz Wunderbares hin?

Wenn der Himmel sich mit großer Spannung und Vorfreude auf die Wiederkunft Christi vorbereitet, wenn auf der Erde die Schlacht tobt, wenn Christus selbst vor der Tür steht – würde unser Herz das nicht irgendwie spüren? Er, der sozusagen unser innerstes Herz ist, unser tiefster Wunsch, unsere brennende Sehnsucht, er kommt immer näher – näher als je zuvor. Das ist doch besonders bewegend für alle, in denen Christus wohnt. Vielleicht – vielleicht – reagiert unser Herz ja auf die unmittelbar bevorstehende Wiederkunft von Jesus, während unser Verstand den Gedanken weiterhin verdrängt.

Wenn der Mond auf seiner Umlaufbahn der Erde am nächsten kommt – was als das Perigäum des Mondes bezeichnet wird –, ist die Anziehungskraft auf der Erde am stärksten. Mehrere Male pro Jahr fällt das Perigäum mit der Vollmondphase zusammen; in dieser Zeit wird die Anziehungskraft über die Maßen stark und verursacht hohe Fluten und Überschwemmungen. Viele Wissenschaftler sind der Auffassung, dass der Mond einst ein Teil der Erde war, dass er durch irgendein katastrophales Ereignis von ihr wegbrach und sie nun wie ein früherer Liebhaber umkreist. Wenn er nahe herbeikommt, spürt die Erde seine Gegenwart zutiefst.[77]

Könnte es unserem Herz nicht ähnlich ergehen?

Das ist ja die größte Liebesgeschichte, die je erzählt wurde, die Heilige Romanze. Wenn der Held von seiner langen Reise zurückkehrt, spürt seine Braut es im Herzen, dass er kommt – wie die Liebenden in jenem Lied, die den Herzschlag des anderen aus tausend Meilen Entfernung wahrnehmen können.[78]

Auch Kompasse verhalten sich seltsam, sobald sie sich dem magnetischen Nordpol nähern. Ein Kompass, der so beschaffen ist, dass er anfängt, sich im Kreis zu drehen, wenn er dem nahe kommt, was ihn all die Jahre angezogen hat, dreht sich immer weiter, bis irgendetwas ihn bremst und anhält.[79] Vielleicht ist all das verrückte, unberechenbare Benehmen der Menschen in unserer Zeit ein Hinweis auf den Verlust der Peilung, der sich einstellt, wenn etwas Starkes unseren *inneren* Kompass zu überwältigen beginnt. Jemand nähert sich gerade.

Welche magnetische Anziehungskraft besitzt wohl das Nahen unseres Herrn und Meisters auf die Herzen, die ihn lieben?

Stacy und ich haben zwei Golden Retriever. Ich nenne die beiden manchmal scherzhaft „Neunaugen“, nach den gleichnamigen aalartigen Meeresbewohnern, die sich als Parasiten an ihren Wirten unwiderstehlich festsaugen. Unsere Hunde weichen uns nämlich nicht von der Seite. Wenn wir aufstehen und den Raum verlassen, stehen sie auch immer auf und folgen uns. Dann legen sie sich wieder glücklich zu unseren Füßen hin (so wie auch jetzt gerade, da ich diese Zeilen schreibe). Wenn wir das Haus verlassen, sind sie traurig. Doch sobald Stacy oder ich uns wieder nähern, ja schon wenn wir mit dem Auto noch ein paar Häuser entfernt sind, wachen unsere Golden Retriever auf, selbst wenn sie tief geschlafen haben, rennen zur Garagentür und warten dort mit fröhlichem Schwanzwedeln auf uns. Sie wissen, wann Herrchen und Frauchen kommen.

Welche magnetische Anziehungskraft besitzt wohl das Nahen unseres Herrn und Meisters auf die Herzen, die ihn lieben?

Ich frage mich manchmal, ob es mit unserem Herz ähnlich ist. Es ist ein schmerzliches Sehnen, tief drinnen, das durch nichts anderes gestillt werden kann.

Bald schon …

Als Kind las ich jede Abenteuergeschichte und jeden Überlebensbericht, den ich in die Finger bekommen konnte.

Ein Buch faszinierte mich dabei besonders: *Kon-Tiki* von Thor Heyerdahl. Es ist sein persönlicher Bericht über eine kühne, gefährliche Reise, die er und fünf weitere Skandinavier über den offenen Pazifik unternahmen – von der Küste Perus bis nach Polynesien –, um die Theorie zu beweisen, dass Polynesien zuerst aus dem Westen und nicht aus dem Osten besiedelt wurde. Die Männer verbrachten drei Monate in kompletter Isolation, ließen sich treiben und nutzten den Wind und die Meeresströmungen, um ihr Floß zu lenken – eine primitive Konstruktion aus Balsaholz, deren Vorbild die Boote waren, die von den an der Küste lebenden Ureinwohnern Perus in vorchristlicher Zeit verwendet wurden. Für 101 Tage und rund 6500 Kilometer stellte dieses Gefährt für die sechs Männer ihr Zuhause, ihre einzige Zuflucht und ihr Rettungsboot dar.

Heyerdahl und seine Crew durchquerten Abschnitte des Pazifik, die sonst niemand zu Gesicht bekommt; sie ernährten sich von den Fischen, die sie fingen, und wurden ständig von Delfinen, Walen – und Haien – begleitet. Sie meisterten heftige Stürme. An sonnigen Tagen entspannten sie sich an Deck, während das Floß von den ruhigen, kräftigen Strömungen getragen wurde.

Als Junge liebte ich die wilde Freiheit dieser wahren Geschichte, die raue Begegnung mit der Natur. Außerdem war ich von Jugend an ein begeisterter Angler und der Gedanke, drei Monate lang auf einer so idyllischen Reise immer dann zu fischen, wenn man Lust dazu hatte, schien mir einfach nur himmlisch.

Aus irgendeinem Grund nahm ich das Buch in diesem Sommer wieder zur Hand. Es zog mich geradezu an. Die Geschichte von Menschen, die eine so große Herausforderung bewältigten, war anscheinend etwas, das ich in dieser Zeit brauchte. Geschichten geben uns Orientierung. Sie verleihen uns Kraft und eine Perspektive. Was mich dieses Mal so sehr packte, war der Bericht über ihre Ankunft in Polynesien. Nach 101 Tagen auf See, als das Paradies schon in Sicht war, wurde ihr Floß an den spitzen Klippen zerschmettert, von denen die unbewohnte Insel umgeben war. Die Rettung war nur hundert Meter entfernt jenseits der Lagune, aber die Männer waren unerbittlich im Riff gefangen und wurden von riesigen Wellen überspült:

> *Hinter uns erhob sich hoch eine neue See wie eine glänzende grüne Glaswand, und als wir herabsanken, wälzte sie sich hinter uns her. Im selben Augenblick sah ich sie hoch über mir, als ich schon einen furchtbaren Schlag spürte und in den Wassermassen verschwand. Ich fühlte den Zug im ganzen Körper mit einer so ungeheuerlichen Kraft, dass ich jeden einzelnen Muskel im Körper anspannen musste und nur an eines denken konnte: Festhalten! …*
>
> *Das Ganze dauerte Sekunden, aber es forderte mehr Kraft, als*

wir gewöhnlich im Körper haben. Es gibt noch andere Kräfte in der Menschenmaschinerie als die Muskeln allein. Ich beschloss, sollte ich sterben, so wollte ich in dieser Stellung sterben, wie ein Knoten im Tau. Jetzt donnerte die See weiter, darüber vorbei. Als sie brüllend passierte, enthüllte sie einen schlimmen Anblick. … Das Fahrzeug, das wir wochen- und monatelang auf See kannten, bestand nicht mehr. In Sekunden war unsere gemütliche Welt zu einem Wrack zerschlagen.[80]

Tief in meiner Seele fand ich ein Echo auf diese hämmernden Worte: Festhalten! Ja, es war nötig, dieses Festhalten, Festhalten, während die Welt, wie wir sie gekannt hatten, um uns herum zerfiel.

Dann, als ich weiterlas, kam das wahre Geschenk – die Männer schafften es sicher bis zur Insel:

Ich werde niemals die Waterei vom Riff zu der paradiesischen Palmeninsel vergessen, die uns entgegenwuchs. Als ich den sonnenhellen Sandstrand erreichte, riss ich die Schuhe ab und bohrte die nassen Zehen in den warmen, trockenen Sand. Es war, als bereite mir jede Spur, die sich in dem unberührten Sandstrand hinauf bis zu den Palmenstämmen abzeichnete, eine tiefinnige Freude. Bald schlossen sich die Palmenkronen über mir. Ich setzte meinen Weg fort bis in die Mitte der winzigen Insel. Grüne Kokosnüsse hingen unter den Palmenkronen. Einige üppige Büsche waren dicht überzogen mit schneeweißen Blüten, die so süß und berückend dufteten, dass ich mich fast schwindeln fühlte. Drinnen auf der Insel umsegelten ganz zahme Seeschwalben meine Schultern. Sie waren so leicht und weiß wie Nebelstreifen. Kleine Vierfüßler flüchteten vor unseren Füßen. Aber die wichtigsten Einwohner der Insel waren dicke, blutrote Einsiedlerkrebse, die überall herumpolterten, gestohlene Schneckenhäuser, groß wie ein Ei, über den bloßen Hinterkörper gezogen.

Ich war überwältigt. Ich sank auf die Knie und bohrte die Finger tief in den trockenen, warmen Sand.
Die Reise war vorüber, wir alle waren am Leben. Wir waren auf einer unbewohnten kleinen Südseeinsel gestrandet, und auf was für einer Insel! Torstein kam, schleuderte einen Sack von der Schulter, warf sich platt auf den Rücken und sah hinauf nach den Palmenkronen und den daunenleichten weißen Vögeln, die lautlos vor unserer Nase kreisten. Bald waren wir alle sechs beieinander. Hermann, der ewig Energische, kletterte auf eine kleine Palme und riss ein Büschel dicker, grüner Kokosnüsse herunter. Mit Machetenmessern schlugen wir die weiche Spitze ab wie bei einem Ei. So schlürften wir den frischesten und herrlichsten Labetrank der Welt, süße, kalte Milch einer kernlosen Kokosart. Außerhalb des Riffs erklangen die monotonen Trommelwirbel der Wachtposten vor unserem Paradies.
„Das Fegefeuer war eine nasse Sache", sagte Bengt, „aber das Himmelreich ist genauso, wie ich es mir vorgestellt habe."
Wir streckten uns behaglich auf dem Rücken aus und blinzelten vergnügt zu den weißen Passatwolken hinauf, die da oben über den Palmenkronen vorbei nach Westen trieben. Jetzt mussten wir ihnen nicht mehr hilflos weiterfolgen, jetzt waren wir auf einer unbeweglichen und landfesten Insel im richtigen Polynesien.
Und während wir so lagen und ausruhten, raste der Brandungsexpress vor und zurück, vor und zurück, den Horizont entlang.
Bengt hatte recht, das war das Himmelreich.[81]

Ich stieß einen langen, tiefen Seufzer aus. Das war ein so schönes, ermutigendes Bild unserer Odyssee zur neuen Erde, wie wir nach Hause kommen, im Garten Eden umherwandern und uns für eine Weile von ihm heilen lassen. Immer sind wir alle auf der Suche nach irgendeiner Version davon. Unter der Oberfläche unseres ausgefüllten, hektischen Lebens sucht unser Eden-Herz immer nach seinem Zuhause.

Und ist es nicht bezeichnend, dass der gefährlichste Teil ihrer Reise ganz am Ende kam? So wie bei uns. Die Männer schafften es, weil sie nicht losließen. Bis zum Ende verhielten sie sich wie Leute, die überleben können; sie hielten durch.

Nun stehen wir so kurz vor dem Ziel. Es gibt keinen Grund, sich zu fürchten, sich an etwas festzuklammern oder den Blick nach hinten zu richten.

Was aber sollen wir dann tun?

Wir nehmen ernst, was wir in diesem Buch gelesen haben. Wir ordnen unser Leben neu, sodass Gott im Mittelpunkt steht und wir die Kraft zum Überwinden bekommen können. Wir nehmen unsere Erholung und den Aufbau unserer Resilienz ernsthaft in Angriff, so wie es jeder tun würde, der überleben möchte. Kehren Sie also zu Kapitel 9 zurück und finden Sie abschließend Ihr Rezept mit Jesus.[82] Und dann halten Sie daran fest! Kam Ihnen, als Sie das Buch lasen, ein bestimmter Mensch in den Sinn, dem es helfen würde? Dann sorgen Sie doch dafür, dass er oder sie auch ein Exemplar davon bekommt!

Wir denken an Lots Frau, wie unser Herr es uns befohlen hat. Immer wenn unser Herz in Versuchung gerät zurückzuschauen, verdoppeln wir unsere Liebe zu Jesus, in dem Wissen, dass starke, dunkle Strömungen uns von ihm wegziehen wollen. Wir halten an Gottes übernatürlichen Geschenken fest! Wir nehmen die übernatürlichen Geschenke Gottes für uns in Anspruch! Wir geben alles für ihn, der unser Ein und Alles ist, tauchen tief in unser Innerstes ein, um den Gott zu finden, der uns Resilienz schenkt.

Diese Resilienz wird uns nicht im Stich lassen. Bald schon werden wir mit geheilten Herzen lachen und singen, während wir mit Jesus in einer vollständig geheilten Welt spazieren gehen.

Gebete

Fluss des Lebens

Jesus, ich komme zu dir zurück mit meiner Sehnsucht, dass alles wieder gut wird. Ich liebe dich genau hier, mitten im Verlangen meiner Seele, in meinen Wünschen und meinem Schmerz. Ich richte meinen Urtrieb hin zum Leben auf dich aus.

Ich übergebe dir meine Fähigkeit, nach dem Guten zu streben, es zu planen, es zu ergreifen, es zu genießen und weiter danach zu streben. Ich gebe dir alles Leben in mir, Herr Jesus; ich gebe dir auch meinen ungestillten Hunger nach einem guten Leben.

Ich liebe dich hier, genau hier, wo ich jetzt bin. Und ich bitte dich, dass der Fluss deines Lebens in mir fließt, in meinem Urtrieb hin zum Leben und in meiner Sehnsucht, dass alles wieder gut wird. Ich öffne mein Herz und meine Seele dem Fluss des Lebens. Er möge in mir, durch mich hindurch und überall in meiner Umgebung fließen – wiederherstellend, erneuernd und heilend.

Du allein bist das Leben, nach dem ich suche, und ich empfange deinen Fluss in meinem Herzen und in meiner Seele. Ich nehme den Fluss deines Lebens in mich auf. Danke, Gott! Das bitte ich in deinem mächtigen Namen.

Die Kraft zum Überwinden

Vater, Jesus, Heiliger Geist – Gott der ganzen Schöpfung, Gott des Sturms und des Wasserfalls, ich brauche deine Kraft. Ich brauche die Kraft zum Überwinden. Ich möchte dir nicht den Rücken kehren; ich möchte nicht den Mut verlieren.

Ich entscheide mich für dich vor allem anderen. Ich gebe dir meine Treue und meine ungeteilte Liebe. Ich entscheide mich für ein ungeteiltes Herz dir gegenüber, Herr Jesus – mit Leib, Seele, Geist, Herz, Verstand und Willen.

Ich bitte um eine übernatürliche Resilienz, Gott. Erfülle mich mit deiner Überwinder-Kraft, der siegreichen Kraft. Vater, Herr des Himmels und der Erde, stärke mich. Ich bitte um Kraft für meinen Verstand, mein Herz und meinen Willen. Ich bitte um die Kraft, die es mir ermöglicht, all dem zu entrinnen, was sich in dieser Zeit gegen die Gläubigen richtet.

Erfülle mich mit Resilienz. Im Glauben nehme ich sie an und danke dir dafür. Im Namen Jesu, amen.

Herrlichkeit

Vater, Jesus, Heiliger Geist, ich möchte deine Herrlichkeit in mein Wesen aufnehmen. Ich empfange die Herrlichkeit, von der die Ozeane erfüllt sind, die Herrlichkeit, welche die Sonne erhält. Ich empfange die Herrlichkeit, durch die Christus von den Toten auferweckt wurde! Ich bete darum, dass deine Eden-Herrlichkeit mein Herz, meine Seele, meinen Verstand und meine Kraft erfüllt. Ich bin dein Tempel, Herr; komm und erfülle deinen Tempel mit deiner Herrlichkeit!

Ich bitte dich, dass deine Eden-Herrlichkeit mich vor allen Formen der Verwüstung bewahrt, die über mein Leben kommen können. Ich widerrufe alle Vereinbarungen, die ich mit der Verwüstung getroffen habe, seien sie groß oder klein. Ich wähle dich, Gott. Ich verzichte auf die Abkehr von dir und entscheide mich für dich.

Ganz egal, wie ich mich fühle, entscheide ich mich für dich, Herr. Du bist mein Gott und mein Retter. Ich bete darum, dass deine Eden-Herrlichkeit mein Leben erfüllt – mich wiederherstellt, erneuert und mir überirdisches Durchhaltevermögen und Resilienz schenkt. Ich rufe deine Eden-Herrlichkeit als Schutzschild über meinem Leben aus, über meiner Familie und meinem Umfeld. Ich rufe deine Herrlichkeit, Liebe und dein Reich als beständige Kraft und beständigen Schutz aus.

Im Namen des Herrn Jesus Christus, des Herrschers über Himmel und Erde. Danke, Herr!

Reiche Fülle

Schöpfer meiner Seele, Schöpfer aller Mutterliebe und des Mutterbedürfnisses, ich brauche dich hier.

Ich brauche deine Mutterliebe. Ich brauche die Gewissheit der reichen Fülle. Ich brauche die Freude über mein Dasein. Ich brauche die tiefe, an dich gebundene, liebevolle Beziehung zu dir. Ich brauche diese intensive Bindung hier, an dem Ort meiner Seele, den du dazu geschaffen hast.

Komm, heilender Gott, und heile mich hier an dem Ort meiner Mutter. Ich breite meine Geschichte der mütterlichen Fürsorge vor dir aus, Gott. Ich lade dich dorthin ein, wo sich mein Bedürfnis nach der ursprünglichen Liebe befindet, nach der ursprünglichen Nahrung. Schenke mir diese Nahrung hier, so wie du es versprochen hast.

Schöpfer meiner Seele, Schöpfer aller Mutterliebe und des Mutterbedürfnisses, ich lade dich dorthin ein, wo sich mein Bedürfnis nach der Urverbindung befindet. Ich lade dich dorthin ein, wo ich mich nach dem ursprünglichen Segen für mein Dasein, meine Existenz sehne.

Vergib mir, dass ich dieses Bedürfnis an andere Orte getragen habe. Ich überlasse all dies dir, Gott; ich öffne mich dir jetzt. Ich vergebe meiner Mutter. Ja, ich vergebe ihr, ich lasse sie los und lade deine Mutterliebe und die mütterliche Nahrung, die du schenkst, deinen Trost und deine Ermutigung an diesen Ort meiner Seele ein.

Erfülle mich mit der Bindungsliebe; schenke mir die Gewissheit der reichen Fülle. Komm in meine Urängste, die mir einreden wollen, es gäbe nicht genug für mich. Schenke mir die Gewissheit der reichen Fülle. In Jesu Namen, amen.

Christus in mir

Ich sage allem Hass ab. Ich kündige hiermit alle Vereinbarungen, die ich in irgendeiner Form mit dem Hass getroffen habe. Ich werde nicht mehr mit ihm zusammenwirken oder an seinem Handeln teilnehmen.

Ich sage auch allem Hass ab, der sich gegen mich richtet; ich verbanne ihn aus meinem Leben. Mein Vater liebt mich. Der Herr Jesus liebt mich. Ich wähle den Weg der Liebe. Ich entscheide mich für die Liebe!

Darum rufe ich nun im Namen Jesu die mächtige Liebe Gottes an und setze sie allem Hass, der sich gegen mich richtet, entgegen. Ich bitte darum, Vater, dass du mein Herz und meine Seele vor jedem Angriff des Hasses mit dem Schild deiner Liebe schützt. In Jesu Namen, amen.

Anmerkungen

1 Paulo Coelho: *Der Alchimist.* Diogenes: Zürich 1996, S. 123.
2 Ed Yong: „What Happens When Americans Can Finally Exhale. The Pandemic's Mental Wounds Are Still Wide Open." *Atlantic,* 20. Mai 2021; https:// www.theatlantic.com/health/archive/2021/05/pandemic-trauma-summer/618934/ (aufgerufen am 19.04.2022).
3 Wilfred Thesiger: *Die Brunnen der Wüste. Mit den Beduinen durch das unbekannte Arabien.* R. Piper Verlag: München 1959, S. 143, 145.
4 George Eliot: *Die Mühle am Floss.* Reclam: Stuttgart 1983, S. 421.
5 Daniel Ladinsky (Hrsg.): *Love Poems from God.* Penguin: New York 2002, S. 300.
6 Landesweit wurde so viel renoviert, dass es zu einer Verknappung von Baumaterialien kam und der Holzpreis um mehr als 300 Prozent stieg, wodurch sich der Neubau eines Hauses durchschnittlich um 36 000 Dollar verteuerte. Porch Research: „Survey: Home Improvement Trends in the Time of Covid." Porch, 21. Juli 2020, https://porch.com/advice/home-improvement-trends-covid; Frank Morris: „Why Home Improvement Has Surged and How It's Changing America." NPR, 11. September 2020, https://www.npr.org/2020/09/11/909264580/why-home-improvement-has-surged-and-how-its-changing-america; „Framing Lumber Prices." National Association of Homebuilders, zuletzt aktualisiert am 12. November 2021, https://www.nahb.org/news-and-economics/housing-economics/national-statistics/framing-lumber-prices (aufgerufen am 02.06.2022).
7 Dan B. Allender, Cathy Loerzel: *Redeeming Heartache. How Past Suffering Reveals Our True Calling.* Zondervan: Grand Rapids, Michigan 2021.
8 Dana Rose Garfin, E. Alison Holman, Roxane Cohen Silver: „Cumulative Exposure to Prior Collective Trauma and Acute Stress Responses to the Boston Marathon Bombings." Psychological Science 26, Nr. 6 (2015), S. 675-683, doi.org/10.1177/0956797614561043 (aufgerufen am 02.06.2022).
9 Die ganze Geschichte ist nachzulesen in: Edward Dolnick: *Down the Great Unknown. John Wesley Powell's 1869 Journey of Discovery and Tragedy Through the Grand Canyon.* HarperCollins: New York 2001.
10 „How Many Israelites Left Egypt in the Exodus?" Got Questions, https://www.gotquestions.org/Israelites-exodus.html (aufgerufen am 02.06.2022).
11 Richard Gunderman: „For the Young Doctor About to Burn Out." *Atlantic,* 21. Februar 2014, http://www.theatlantic.com/health/archive

/2014/02/for-the-young-doctor-about-to-burn-out/284005/ (aufgerufen am 02.06.2022).

12 John Muir: „A Perilous Night on Mount Shasta.“ In: *The Wild Muir. Twenty-Two of John Muir's Greatest Adventures*. Hrsg. v. Lee Stetson. Yosemite Conservancy: El Portal, Kalifornien 1994, S. 122-123.

13 Hongmi Lee, Buddhika Bellana, Janice Chen: „What Can Narratives Tell Us About the Neural Bases of Human Memory?“ *Current Opinion in Behavioral Sciences* 32 (April 2020): S. 111-119; https://doi.org/10.1016/j.cobeha.2020.02.007 (aufgerufen am 06.06.2022).

14 Joshua J. Mark: „Roman Empire.“ *World History Encyclopedia,* 22. März 2018, https://www.worldhistory.org/Roman_Empire/ (aufgerufen am 06.06.2022).

15 Spencer Mizen: „Genghis Khan. The Mongol Warlord Who Almost Conquered the World.“ *History Extra,* https://www.historyextra.com/period/medieval/genghis-khan-mongol-warlord-conquered-world-china-medieval/ (aufgerufen am 06.06.2022).

16 John C. McManus: *Fire and Fortitude. The US Army in the Pacific War 1941-1943.* Penguin: New York 2019, S. 22.

17 Douglas Cobb: *And Then the End Will Come. The Completion of the Great Commission and Nine Other Clues That Jesus Is Coming Soon.* DeepWater Books: Louisville, Kentucky 2021, S. 44-45.

18 John Muir, „A Perilous Night on Mount Shasta“, S. 125, 127.

19 „Als Christus hier auf der Erde war – ein Mensch von Fleisch und Blut –, hat er mit lautem Schreien und unter Tränen gebetet“ (Hebräer 5,7).

20 *Langenscheidts Großwörterbuch Griechisch-Deutsch.* Langenscheidt: Berlin, München, Wien, Zürich 1979[23], S. 380.

21 William Shakespeare: *Heinrich V.* in: *Sämtliche Werke in vier Bänden.* Band 3, Aufbau: Berlin 1975, S. 453.

22 Charles Bellinger: „Summary of Kierkegaard's *The Sickness unto Death.*“ Texas Christian University, März 2005, https://lib.tcu.edu/staff/bellinger/60023/summary_of_sicknessUD.htm (aufgerufen am 10.06.2022).

23 John Eldredge: *Wo die Seele atmen kann. Wege zur Entschleunigung.* Brunnen Verlag: Gießen 2020.

24 Jennifer K. Logue et al.: „Sequelae in Adults at 6 Months After COVID-19 Infection.“ JAMA Network Open 4, Nr. 2 (19. Februar 2021), https://jamanetwork.com/journals/jamanetworkopen/fullarticle/2776560 (aufgerufen am 14.06.2022).

25 Ed Yong: „What Happens When Americans Can Finally Exhale.“

26 Hillenbrand, Laura: *Unbroken. Die unfassbare Lebensgeschichte des Louis Zamperini.* Klett-Cotta: Stuttgart 2011/2014, E-Book, Kapitel 13, S. 222.

27 Robert Karen: *Becoming Attached. First Relationships and How They Shape Our Capacity to Love.* Oxford University Press: New York 1998, S. 382.

28 Penny Simkin et al.: *Pregnancy, Childbirth and the Newborn.* Meadowbrook Press: Minnetonka, Minnesota 2010[4], S. 398.

29 Es gibt zu diesem Thema so viel Literatur, dass es nicht so einfach ist, ein repräsentatives Beispiel herauszusuchen. Der folgende Artikel ist zumindest ein Anfang. Karleen D. Gribble: „Mental Health, Attachment, and Breastfeeding. Implications for Adopted Children and Their Mothers." *International Breastfeeding Journal* 1, Nr. 5 (2006), https://doi.org/10.1186/1746-4358-1-5 (aufgerufen am 18.08.2022).

30 Laurence Gonzales: Deep Survival. *Who Lives, Who Dies, and Why.* W. W. Norton: New York 2005, S. 156.

31 „How Long Do Babies Carry Their Mother's Immunity?" National Health Services, zuletzt aktualisiert am 9. Juni 2021, https://www.nhs.uk/common-health-questions/childrens-health/how-long-do-babies-carry-their-mothers-immunity (aufgerufen am 02.07.2022).

32 Dallas Willard: *Gott. Du musst es selbst erleben.* Fontis Verlag: Basel 2022, S. 214-215.

33 Gary W. Moon (Hrsg.): *Eternal Living.* InterVarsity Press: Downers Grove, Illinois 2015, S. 16.

34 Karen, *Becoming Attached,* S. 23.

35 Ebd., S. 15.

36 Ebd., S. 55.

37 Jim Wilder: *Renovated. God, Dallas Willard, and the Church That Transforms.* NavPress: Colorado Springs 2020, S. 1, 6.

38 Karen, *Becoming Attached,* S. 7.

39 Wilder, *Renovated,* S. 6.

40 Zur näheren Beschäftigung mit diesem Thema seien die folgenden Lektüren empfohlen: Rankin Wilbourne: *Einheit mit Christus. Gott erkennen und sich an ihm erfreuen.* 3L Verlag: Waldems-Esch 2020; Kapitel 13 meines Buches: *Wo die Seele atmen kann. Wege zur Entschleunigung.* Brunnen Verlag: Gießen 2020.

41 Henry Scougal: *The Life of God in the Soul of Man.* Nachdruck der Ausgabe von 1677, GLH Publishing: Louisville, Kentucky 2015, S. 5.

42 Wilder, *Renovated,* S. 6.

43 Jon Krakauer: *In eisige Höhen. Das Drama am Mount Everest.* Piper Verlag: München 1998[5], Kapitel 18.

44 Walter Hooper: „Preface," aus: C. S. Lewis: *God in the Dock. Essays on Theology and Ethics.* Nachdruck der Ausgabe von 1970, William B. Eerdmans: Cambridge 2014, S. xiv. Anmerkung der Übersetzerin: *God in the Dock* ist auf Deutsch unter dem Titel *Gott auf der Anklagebank* erschie-

nen (Fontis-Verlag: Basel 2018[7]). Dort ist jedoch ein anderes Vorwort von Walter Hooper abgedruckt, in dem sich das von John Eldredge angeführte Zitat nicht befindet.

45 Theodore Roosevelt: *Jagden in amerikanischer Wildnis. Eine Schilderung des Wildes der Vereinigten Staaten und seiner Jagd.* Verlagsbuchhandlung Paul Parey: Berlin 1905[3], S. 94-95.

46 George MacDonald: *Unspoken Sermons Series I, II, and III.* Nachdruck der Ausgabe von 1867, Start Publishing: New York 2012, S. 167.

47 Steven Rinella: *Tiere töten und essen. Von der natürlichsten aller Lebensweisen.* Riva Verlag: München 2014, S. 16.

48 Siehe den Film *The Edge of Paradise,* produziert von John Wehrheim, unter der Regie von Robert C. Stone (Wehrheim Productions, 2009), https://theedgeofparadisefilm.com/about (aufgerufen am 18.08.2022).

49 Pankaj Mishra: „What Are the Cultural Revolution's Lessons for Our Current Moment?" *New Yorker,* 25. Januar 2021, https://www.newyorker.com/magazine/2021/02/01/what-are-the-cultural-revolutions-lessons-for-our-current-moment (aufgerufen am 18.08.2022).

50 Derek Thompson: „The Great Resignation Is Accelerating", *Atlantic,* 15. Oktober 2021, https://www.theatlantic.com/ideas/archive/2021/10/great-resignation-accelerating/620382/ (aufgerufen am 18.08.2022); Phil Reed: „Millions of Americans Quitting Their Jobs During ‚The Great Resignation'", *MSN,* 24. Juni 2021, https://www.kcrg.com/2021/06/24/millions-americans-quitting-their-jobs-during-great-resignation (aufgerufen am 18.08.2022).

51 Übersetzung: Anja Findeisen-MacKenzie.

52 John Eldredge: *Alles neu. Für welche atemberaubende Hoffnung unser Herz geschaffen ist.* Brunnen Verlag: Gießen 2018, S. 25, 26, 28, 29.

53 Russ McCarrell, Zachary Behr (Regie): *Alone,* Staffel 8, Folge 10, „All In", ausgestrahlt am 12. August 2021, in HISTORY, Streaming-Video, 1:02:13, https://www.history.com/shows/alone/season-8/episode-10.

54 Nicholas Carr: *Surfen im Seichten. Was das Internet mit unserem Hirn anstellt.* Pantheon Verlag: München 2013.

55 Jeanne Guyon: *Union with God.* Seedsowers: Sargent, Georgia 1981, S. 1.

56 „Merkst du nicht, dass ich vor der Tür stehe und anklopfe? Wer meine Stimme hört und mir öffnet, zu dem werde ich hineingehen, und wir werden miteinander essen – ich mit ihm und er mit mir (Offenbarung 3,20).

57 Vatican News: *Generalaudienz mit Papst Franziskus. Neue Katechesenreihe zum Vaterunser,* www.vaticannews.va/de/papst/news/2018-12/papst-franziskus-katechese-vaterunser-beginn.html (aufgerufen am 23.07.2022).

58 Theophan the Recluse, in: Timothy Ware (Hrsg): *The Art of Prayer. An*

Orthodox Anthology. Zusammengestellt von Igumen Chariton von Valamo, Faber and Faber: London 1966, S. 110.

59 John Eldredge: *Wo die Seele atmen kann. Wege zur Entschleunigung.* Brunnen Verlag: Gießen 2020, S. 34.

60 Ebd., S. 45, 46.

61 Laurence Gonzales: *Deep Survival. Who Lives, Who Dies, and Why.* W. W. Norton: New York 2017, S. 120.

62 C. S. Lewis: *Pardon, ich bin Christ. Meine Argumente für den Glauben.* Fontis Verlag: Basel 2019[25], S. 68-69.

63 „Sports Injuries." MedBroadcast, https://medbroadcast.com/condition/getcondition/sports-injuries (aufgerufen am 18.08.2022).

64 Jayne Leonard: „How to Build Muscle with Exercise." *Medical News Today,* 8. Januar 2020, https://www.medicalnewstoday.com/articles/319151 (aufgerufen am 18.08.2022).

65 Jeffrey Zimmerman, Marie-Nathalie Beaudoin: „Neurobiology for Your Narrative. How Brain Science Can Influence Narrative Work." *Journal of Systemic Therapies* 34 Nr. 2 (August 2015), S. 59-74, https://doi.org/10.1521/jsyt.2015.34.2.59 (aufgerufen am 18.08.2022).

66 Sebastian Junger: *War. Ein Jahr im Krieg.* Karl Blessing Verlag: München 2010[3], S. 35-36.

67 Alan Jacobs: *Der Mann aus Narnia. C. S. Lewis – sein Leben und seine Welt.* Johannis Verlag: Lahr/Schwarzwald 2007, S. 445.

68 Gonzales, *Deep Survival,* S. 40.

69 Bakari Akil II: „How the Navy Seals Increased Passing Rates. Better Passing Rates Through Simple Psychology." *Psychology Today,* 9. November 2009, https://www.psychologytoday.com/us/blog/communication-central/200911/how-the-navy-seals-increased-passing-rates (aufgerufen am 18.08.2022).

70 Roald Amundsen: *Mein Leben als Entdecker. Die Autobiographie.* Books on Demand: Norderstedt 2018[2].

71 Gonzales, *Deep Survival,* S. 105.

72 Mark Matousek: „The Meeting Eyes of Love. How Empathy Is Born in Us." *Psychology Today,* 8. April 2011, https://www.psychologytoday.com/us/blog/ethical-wisdom/201104/the-meeting-eyes-love-how-empathy-is-born-in-us (aufgerufen am 18.08.2022).

73 Markus 16,6; Johannes 14,1; Lukas 21,34.

74 *Langenscheidts Großwörterbuch Griechisch-Deutsch,* S. 132.

75 Thor Heyerdahl: *Kon-Tiki. Ein Floß treibt über den Pazifik.* List Taschenbuch: Berlin 2013[2], S. 204-205, 207-208.

76 Diese Nacherzählung der Geschichte von Lots Frau (1. Mose 18-19) konnte ich dankenswerterweise aus dem noch unvollendeten Buch entneh-

men, das mein Sohn Blaine Eldredge gerade schreibt. Darin erzählt er viele alttestamentliche Geschichten nach. Mehr Hintergrundinformationen zu dieser Geschichte finden sich in: Bruce Bower: „An Exploding Meteor May Have Wiped Out Ancient Dead Sea Communities." *Science News,* 20. November 2018, https://www.sciencenews.org/article/exploding-meteor-may-have-wiped-out-ancient-dead-sea-communities; Steven Collins: „Tall el-Hammam. Digging for Sodom." Tall el-Hammam Excavation Project, https://tallelhammam.com/.

77 NOAA: „What Is a Perigean Spring Tide?" National Oceanic and Atmospheric Administration, zuletzt aktualisiert am 26. Februar 2021, https://oceanservice.noaa.gov/facts/perigean-spring-tide.html; „Moon Facts." *National Geographic*, 16. Juli 2004, https://www.nationalgeographic.com/science/article/moon-facts (beide Seiten aufgerufen am 18.08.2022).

78 Van Morrison (Sänger) im Lied „Crazy Love", komponiert von Van Morrison, aufgenommen 1969, Spur 3 in *Moondance,* Warner Brothers, 33 1/3 rpm, 2:34.

79 „What Happens When a Compass Is Taken to the Site of Magnetic Pole of Earth?" Physics Stack Exchange, 13. August 2015, https://physics.stackexchange.com/questions/200152/what-happens-when-a-compass-is-taken-to-the-site-of-magnetic-pole-of-earth (aufgerufen am 18.08.2022).

80 Heyerdahl, *Kon-Tiki,* S. 206-208.

81 Ebd., S. 212-215.

82 Ehrlich gesagt, wenn ich mir die endlosen Ablenkungen vorstelle, die diese Welt bereithält, unsere erschöpfte Seele und unser „Covid-Hirn", dann sollten Sie vielleicht ernsthaft in Betracht ziehen, dieses Buch ein zweites Mal zu lesen oder sich das (englischsprachige) Hörbuch („Resilient") anzuhören. Dort habe ich noch viele spontane Kommentare ergänzt und die Gebete am Ende jedes Kapitels sind mit Musik unterlegt und sehr tiefgründig.